演習・死の哲学

木村 競
Kimura Kisou

TRaNSview

はじめに

しばらく前のある時期、死について論じた文章には、「現代では死はタブーの対象となっている」というアリエスの言葉（『死と歴史』）をマクラにしたものが少なからずあった。そのような文章は、であるけれども死をタブーとしてはいけない、我々は死を正面から受けとめなければならないと読者を諭し、あるべき死に方を論じ、そのような死を迎えるための生き方を語った。

やがて、そうこうするうちに、死を語ることはブームとなった。より精確に言うなら、何らかの意味で死に関わる事柄、背後に死の影が透けて見えるような問題がさまざまな仕方で取り上げられ、人々に示されるようになった。

現代医療のあり方に対する批判の一つは「死に場所」としての病院への不満であり、保険制度まで作られた介護の問題は死の看取りとしてのターミナルケアと直接につながっていた。

夫の一族の墓に入ることを嫌う妻たちの思いは死後の生への想像力に支えられていたし、新々宗教に引き寄せられる若者たちは来《きた》るべき終末を乗り超える術《すべ》を知ろうとした。臨死体験が語られ、人の死体を論じること、犬が死体を喰う写真を撮ることが思想的営為として認知された。死後の世界を描いた映画が続編まで作られ、テレビでは死後の世界での魂の道行きを語る書についての特集番組が放送された。そして、死に関する何冊ものベストセラーが生まれた。

とりわけ、ドナーの死を前提としてレシピエントの生を可能にしようとする臓器移植と脳死をめぐる錯綜した議論は、法律論から比較文化論まで、インフォームド・コンセントから医者の功名心まで、医療費の社会的負担の増大の問題から医療サービス享受の不公平性の指摘まで、家族を思う肉親愛から人間愛という名のもとのドナー候補者家族に対する恫喝まで、現代社会の中の死がいかに多様な事柄と関わり合っているかを我々に意識させた。

そして今なお、死を語ることのブームは広さと深まりを増しているように見える。

では、現代日本では死は自由に語られるものとなったのか。

答えは単純ではない。

本書はその単純ではないさまを何とかとらえようとする試みである。

しかし、はじめに断わっておきたい。本書は、現代日本の社会において、死がいかに多様に語られているかという事実の調査報告ではない。どのような思想が死をどのように論じているのかという思想史的研究というわけでもない。まして、死の文化論であるわけもない。本書は、端的に言えば、現代日本の社会に生きている人間の「大勢のうちの一人」の私にたまたま集積した、死についてのおそらく偏った一部でしかない言説群の、私という編集装置による再言説化である。

そんなものにどんな意味があるのか。

別の言い方をしてみよう。

人は皆死ぬ。しかし、人は誰も「一般的」には死なない。誰もが、その人にしかないユニークな在りようをしている死を死んでいく。しかも、誰の死も単純なものではない。それは個別的な意味づけをいくら集めても説明しきれないトータルなものである。

実際のところ、ああだこうだと言われていることなど気にせずに、人は好きに死ねばいいのである。好きに死ねば、人は誰でもトータルでユニークな死を死ぬ。

ところが面倒なことに、どんな時代でも人はなかなか好きには死ねない。ああだこうだと、世間でもっともらしく言われていることに、自分もまた取り込まれてしまうからだ。我々もまた死を考え始めたとたんに、言葉と同伴せざるをえない。「死」という言葉が他の言葉たちと形成している意味の相関関係の中を、しばらくは経めぐらざるをえない。

しかし、それならば、自分が好きに死ぬために、自分が関わっている人が好きに死ねるために、「死」という言葉に取り憑《つ》かれた時、現代の我々は何を考えるのか、何を考えてしまうのかをあらかじめ探ってみることは無意味ではない。

この探求を行なうことで、誰もが好きに死んでいく可能性を少しでも高めることができれば、というのが本書のねらいである。


まあ、このような言い方をすればもっともらしいが、要するに私も死が気になるのである。私も、世の多くの人と同様に、子どもの頃のある時期に自分もいつかは死ぬのだということに気がついて、それをしばらくの間はもてあまし、やがて時が経つにつれて次第に平気になり、しかし何かの機会にあの気づきの時の思いがよみがえる、そういった存在である。

そのような私にとって、ここのところ続いている死を語ることのブームは、まるっきり無視できるものではない。そこで語られる事柄、その語り口を自分なりに受けとめ、自分なりに反応しないではいられない。

哲学の仕事とは、ものを考える際に前提となっていることを改めて問い直すこと、普通とは別なように考えるための手がかりを探ること、この二つであると私は考えている。そういう意味で、私にとって本書は、現代日本の死をめぐる思考と言説に反応して開始された、一つの哲学的作業に他ならない。

さらにいえば、私という場面での「反応」のあり方を提示することは、死をめぐってさまざまに語られるものへの我々の「反応」のあり方を取り出すこと、さらには我々のものの考え方の在りようを浮かび上がらせることにもなるのではないか。

そう考えるなら、本書は少しは人の役に立つかもしれない。本書は、直接、間接に死に向き合っている人に対して、具体的な行動のアドバイスを与えるものではない。しかし、自分の死について、自分が深く関わっている人の死について、どう考えても戸惑いや迷いがわき上がる人――つまり私と同類の人――に、別なように考えるための手がかりを提供することができるかもしれないからである。

このような私の思いが独りよがりのものでないかどうか。それは、ここで本書を投げ出さずに先を読み進めて下さる皆さんに判断していただくほかない。

演習・死の哲学＊目次

第三章　老いの延長としての死　67

第四章　逝く人への関わり　82

第七章　死とコンテクスト　169

あとがき　197

装幀　渡辺和雄

演習・死の哲学

第一章　死は人生に意味を与えるか

死を考える

この本を読み始めたばかりなのに申し訳ないが、最初に思考実験をしていただきたい。今から一時間、死についていろいろと考えてほしい。そして、死と自分の関係について、あなたなりの結論をとにかく出してみてほしい。

さて、あなたは一時間のうちにいったい何を考えられただろうか。自分の死のこと、家族の死のこと、ここ数年の間に起こったさまざまな殺人事件のこと、あるいは、葬式のこと、死後の世界のこと、脳死・臓器移植のこと、ホスピスのこと、子供のときに飼っていた犬の死のこと、等々。私の想像力はその百分の一にも到達できない。

しかし、先ほどのお願いには、実はしかけがある。それは、死と自分の関係について、とにかく「結論」を出してほしいと言っていることである。さて、あなたはいかなる結論に到達されただろうか。

私は、相当の確率でそれを当てる自信がある。

それは「死んでしまえばみな終わり」と「とにかく死ぬまで一生懸命に生きる」。

実際に一時間考えてみた方は少ないだろう。しかし、そのような方も、また、一時間考えてはみたけれど違った結論になった方も、この「死んでしまえばみな終わり」と「死ぬまで一生懸命に生きる」が、我々が死というものを考えていった時にたどり着く、有力な結論であろうことには同意していただけると思う。

それは「死んでしまえばみな終わり」と「死ぬまで一生懸命に生きる」が、今の世の中に広く流通しているからでもある。世の中に流通しているからといって、皆がそれを本当だと信じているわけではない。しかし、自分も含め世の多くの人が、それがどのような意味かは分かっているということである。

そうならば、このフレーズは、現代日本における死の理解のある部分を構成していることはまちがいないのではないか。

では、死と自分の関係について考えていった時に、なぜ「死んでしまえばみな終わり」と

「死ぬまで一生懸命に生きる」という、死を直接には語っていないフレーズが出てくるのか。

「死んでしまえばみな終わり」

まず「死んでしまえばみな終わり」から考えていこう。

まじめで健気《けなげ》な印象を与える「死ぬまで一生懸命に生きる」に対して、「死んでしまえばみな終わり」はどこかなげやりな感じがしないでもない。先ほどのように死について正面から問いかけられれば、まじめに考えてしまうから、最終的には「死ぬまで一生懸命に生きる」という「結論」にたどり着いた方が多いであろう。しかし、そこに至る過程で「死んでしまえばみな終わり」という考えが頭をよぎった方も、また多いのではないか。

「死んでしまえばみな終わり」は、最終的な着地点かどうかは別として、その言わんとするところを多くの人が理解できるフレーズである。そして、そう考えてはいけないとつい身構えてしまうほど、いわば我々の本音をついているフレーズでもある。

しかし、「死んでしまう」のは自分であるにしても、いったい何が「みな終わり」なのだろう。

私が死んでも世界は消えて無くなることはない。私のすわっているこの椅子も、この建物も、私が歩いた道も街も、ほとんどそのままであり続けるだろう。私が死んでも、後を追って死ぬ人もなさそうだ。人はみな同じような生活を続けていくだろう。そもそも、時は変わることなく流れていく。「みな終わり」といっても、椅子や建物や道や街のことを問題にしているのではない。しかし自分以外の人が生き続けていたとしても「みな終わり」であることに変わりはない。

「終わり」なのは、死んでいく自分にかかわる「みな」なのである。この「みな」とは、自分の人生とその意味にかかわる「みな」に他ならない。

すなわち、「死んでしまえばみな終わり」とは、自分が死んでしまうと自分の人生が「みな」崩れ去ってしまうのではないか、営々と築いてきた自分の人生の意味が「みな」消えていくことになってしまうのではないか、という不安を表現しているフレーズだと考えることができる。

そう考えるならば、実は「死んでしまえばみな終わり」もまた、自分の人生の意味を考え、それを大切にする、きわめてまじめな態度から生まれてくるフレーズだということができる。

しかし、では、自分が死んでしまうと、なぜ自分の人生が「みな」崩れ去ってしまい、自分の人生の意味が「みな」消えていくことになってしまうのであろうか。

人生の意味と目的

そもそも、人生が意味を持っている、つまりは人間が生きて営んでいくもろもろの事柄が意味を持っているというのは、どういうことなのだろうか。

「意味」という言葉にはさまざまな意味があるが、ここでいう「意味」――つまり「価値」とか「意義」とかと言い換えることができる「意味」――は、次のように考えることができる。

ある出来事に意味があるというのは、その事柄が単にそれだけの事柄ではないということである。例えば、「彼に出会ったことは私にとって大きな意味をもつことになった」という場合、この「出会い」は、彼と一定の時間・空間を共有したということにとどまらず、後の自分の人生に生じた大きな変化の原因でもある。そして、この「後の自分の人生に生じた大きな変化」を生ぜしめることが、彼との「出会い」の意味に他ならない。

つまり、意味のある人生の出来事、日々の営みとは、何かを結果として生ぜしめる（ことのある）出来事、営みのことなのである（もちろん、その意味の善し悪しや価値の大きさはそれぞれに即して異なるわけではあるが）。

しかし、このことを逆に考えるならば、人生の出来事、日々の営みの意味は、その出来事、営みが結果するところの何かに支えられているということである。

この何かを、出来事、営みの時点に立って見通すならば、それを人生の目標、目的と呼ぶことができるだろう。人間は、それを参照して自らの生の意味を見出し、それの実現をめざして（意志して）努力する。

しかしここで、再び、その人生の目標、目的としての何かにはどのような意味があるのかと問うことができる。もし、それに意味がないとしたら、それを目標、目的とする人生の出来事、営みもまた無意味なものになってしまうだろう。

そう考えるならば、人生の目標、目的は、さらにその意味を与えてくれる何か――より先の目標、目的――を必要とすることになる。そして、この意味の支えとしての目標、目的を次々と必要とする構造は、先へ先へと伸びることになることも自明である。

もちろん、この連関は単純に直線的なものになるとは限らない。枝分かれし、交錯し、複雑に絡み合うことになるだろう。

しかし、どのように連関、交錯するにせよ、人生の出来事、営みに意味が与えられるためには、結局のところ「究極の支え」としての目標、目的が必要となる。

つまり、それは、それ自体で他のものに支えられることなく意味をもつ生のあり方である。そして、それに支えられて、人生の過程で生じたあらゆる出来事、営みが（たとえどのようなものであれ）結局そのことの実現のために役だった、あるいは妨げにならなかった、という形で意味をもつことになるわけである。

この人生の「究極の支え」としての目標、目的には二通りのあり方が考えられる。一つは、人生の最後にそれがあるとする考え方である。これを「終端」型とでも呼んでおこう。これが実現すれば、その人生は「終わりよければすべてよし」ということになる。もう一つは、人生の全体をそのようなものととる考え方である。これは「全体」型とでも呼んでおこう。このようなとらえ方ができれば、その人生は「いろいろあったが充実した人生ではあった」ということになるであろう。

人間の営みの意味・価値（すなわち「善」）を、このように目的―手段関係において考えること、その際、目的に関して「終端」および「全体」を優位に考えることは、物事を哲学的・倫理的にとらえる場合の（歴史的にみても）一つの典型的思考法である。その代表的定式化は、アリストテレス（例えば『ニコマコス倫理学』第一巻第一章・第二章）にある。

人生における死の位置

上記のような構造の中では、死はきわめて重要な位置を占めることになる。

死はまさに生の終わりを区切るものである。「終端」型においては、死がいかなるものであるかということが、直接に人生の「究極の支え」に関係してくる。「全体」型においては、死は人生の全体という連関を完結する最後のつなぎ目であり、こちらの場合も死がいかなるものであるかということは、人生全体の相貌を大きく左右する。

すなわち、どちらのようにに考えるにしても、ある人にとって死がいかなるものであるかということは、その人の人生の営み、出来事のすべての意味にかかわってくることなのである。言い換えれば、死は単に人生の最後の瞬間に訪れる出来事・事象というわけではないのだ。死は、人間にとって、人生の過程で生じたあらゆる営み、出来事の意味に関わり、強く言えば、それらを有意味にも無意味にもするものなのである。

したがって、意味ある、充実した人生を成立させるためには、人生の「究極の支え」としての目標、目的としての生の終端あるいは全体像を与えるような死を迎える必要がある。安定して、意味ある、充実した人生を営んでいくためには、そのような死を迎えることの確証が欲しい。

しかし、ここで問題がある。

死が自分に訪れることは確実なのに、いつ、どのように死ぬかということは知りようがない。私が春の日の桜の下で静かに死にたいと思っても、この部屋を出た途端に交通事故に遭うかもしれない。

また、死は自分のものとして体験することが原理的に不可能である。「臨死体験」は多くの実例が報告されているが、「死体験」は原理的に有り得ない。他人の死はいくらでも観察することができる。しかし、「自分が死ぬ」ことがどういうことであるかをリアルに認識することはできない。

これはなかなか悩ましい事態である。死が自分に訪れることは確実なのに、自分における死の存在がいかなるものなのかよく分からない、知り得ない、というだけでも、それに対する不安が生じるに十分である。

それだけではない。死が人生の意味の支えとして上記のような位置にあるとするならば、死の自分における存在がいかなるものなのかよく分からない、知り得ないことは、自分の人生のあらゆる営み、出来事の意味を確信することが結局はできない、ということを意味していることになる。

ここに、人生の「究極の支え」としての生の終端・全体像が与えられないままに人生が終わるかもしれない、という不安が生起する。

ここから、死には、人生の過程で生じたあらゆる営み、出来事の意味づけの連鎖がついにそこで断ち切られる出来事であり、そこですべての意味が無化する時である、というイメージが付着することになる。

このことを死の帰無性と言うこともできるだろう。「死んでしまえばみな終わり」は、この死の帰無性によって自分の人生の意味が「みな」崩れ去ってしまうという感じを表わしているものと解釈できる。

死後に消えていく人生の価値

さらに、この死の帰無性を、自分の死後に自分の人生の価値や意味が失われていくことは避け難い、という角度から考えることもできる。

なぜならば、当然のことながら、自分が死んでしまったならば新たな価値や意味を作り出すことはもうできない。ところが、自分が死んでも時間は流れ、自分以外の人や物事は続いていく。

この連続は無限であるから、人生の中で自分が作り出した価値や意味は世界全体の内では次第に小さくなり、ついには無限小になっていくことは、理屈としては当然のことである。また、より若い世代、新しく生まれてくる次の世代は生き続けて、次々と新たな価値ある営みを為していくだろう。そうすれば、自分が作り出した価値や意味などは次第に忘れさられていくのは避け難い。

すなわち、この場合の死の帰無性、「死んでしまえばみな終わり」は、たとえ人生が価値や意味にみちあふれたものであったとしても、死んでしまえばそれが次第に「みな」消えていってしまうという「生の虚しさ」を表現するものと解釈できるだろう。

ところで、以上のような感覚がある一定の時間意識と対応していることを、真木悠介（『時間の比較社会学』）が次のように指摘している。

すなわち、「近代人」は時計で計れるような時間の中で生きている。その時間とは、無限に続き、直線的で、不可逆的で、抽象的で、量的で、そこで生じる出来事と分離している。このような時間意識の成立は、以下のように、二つの性格を合わせもつ「近代人」的な人間観、価値観への転換と対応していると考えることができる。

つまり、時間のモデルの上での、「自然の回帰性＝可逆性」（「自然」は同じことを繰り返すから）から「人間の業の進行性＝不可逆性」（「人間の業」は常に新たなものを生み出すから）への転換は、生き方のモデルの上での、存在するものの総体としての自然をそこから自らを分離できないものとして受け入れ、それが存在することに価値を見出す生き方から、神とその似姿としての人間の業の内にのみ価値を見出す生き方への転換と対応する。

また、先ほどのような「客観的」な時間が必要となるのは、社会のあり方が、社会の構成員たちが生活の基本的なサイクルを共にして、個々の構成員たちの活動を調整する（＝時間を合わせる）ための基準を必要としない状態から、生活の基本的なサイクルを異にする諸集団、諸個人が対峙し、個々の構成員たちの活動を調整し通約するための基準がなくては共に在ることのできない状態へ、転換することによってである。

したがって、「近代人」にとって、人生の価値や意味は、生きている間にその人間が個人として為した活動によって生産したものごとによって決まる。そして、時間はその人間の死後も変わらず流れ、他の人々はその価値生産活動を続けていくのである。

真木が整理しているこのような時間意識と「価値生産主義」とでもいうべき「人生観」のもとで生きる「近代人」にとっては、自分の死後に自分の人生の価値や意味が失われていくことは避け難い、という死の帰無性が意識されるのは当然のことと言えよう。

救済の物語

ところで、目標・目的の連鎖構造に人生の意味や価値の支えを求める立場においても、また近代的時間意識を伴った価値生産主義的な立場においても、いずれも、人間の生は、いわば無ではなく有をめざしているということを前提としている。

ところが、これまで考えてきたところでは、上記のような立場をとると、死は人生の有を無に帰するということが導かれてしまう。これはいかにも受け入れがたい。

もし、ここで、これまでの考察で用いられた人生の意味や価値を考える概念や議論、そこから導かれる人生観や世界観を守ろうとするならば、何とかそれらと矛盾しない形で死の帰無性に対抗する方法を考えることが必要になる。
そのような方法として人々が採用したものが、死の不安を打ち消す「救済の物語」である、という考え方がある。例えば、竹田青嗣（『「自分」を生きるための思想入門』）は次のように言う。

竹田は、人間の欲望はゲーム的な欲望であり、一定のルールの中で努力しながら勝利を得ることの喜び――「生のエロス」――をめざすと考える。このゲームのルールは「物語」という形で共有される。「死とは何であるか」「死んだらどうなるか」ということも、人々に共有されるゲームのルールの一つであり、例えば宗教的なものを典型とするような「物語」の形をとる。そして竹田によれば、この物語は、死の不安を打ち消し、生を意味づける「救済」のはたらきをする。なぜなら、死はエロスのゲームの最も大きな「上がり」であるが、一方、死は自我の作る世界の全体像においては「欠落項」であるため、死についてのルール＝物語の支えなしには、生というゲームの意味は単なる瞬間のエロス（＝快楽）にしか見出せなくなってしまうからである。生の全体を意味づけるためには、死の不安を打ち消す「救済の物語」が必要となるというわけである。

では、死の帰無性に対抗し、それを打ち消すためには、この「救済の物語」はどのような内容をもつ必要があるだろうか。先ほどの二つの立場それぞれに即して、以下のような内容であることが要請されることになる。

まず、目標・目的の連鎖構造に人生の価値や意味の支えを求める立場にとっての死の帰無性を打ち消す物語として、二通りの内容が考えられる。

①死を「究極の支え」としての目標、目的として位置づける物語。要するに、通常の理解の死では「究極の支え」とならないのでこまるのだから、死を端的に「究極の支え」として語る物語を用意しようというわけである。

②死を超えてさらに目標・目的の連鎖構造が続いていく物語。死で、目標・目的の連鎖構造が切れてしまうと、人生の価値や意味が宙ぶらりんになってしまうのであるから、それが切れずに続いていくことで、人生の価値や意味の支えが与えられるようにするやり方である。

価値生産主義とそれに相即的な時間意識とから帰結する死の帰無性を打ち消す物語にも二通りの内容が考えられる。

③死後も何らかの意味で価値の生産・維持が続くことを保証するような物語。このようなものならば、死によって人生の価値や意味が失われていくどころか、かえって増える可能性もあることになる。

④死によってそれまでの生によって生み出された価値が消滅しないことを保証するような物語。消極的ではあるが、これでも死の帰無性を打ち消すはたらきはもっている。

物語の道具立て

さて、読者がすでにいろいろ思い浮かべられているように、こういった内容の物語を構成するために、我々になじみ深い伝統的な「救済の物語」は、さまざまな道具立てを用いてきた。その代表的なものを整理するならば、次の二種類にまとめることができよう。

第一のものは、死後も生き続ける霊魂の存在と、それを支えるあの世や神仏の存在というもの。第二のものは、家族や親族からはじまり、民族や人類にまでも及ぶ「類的存在者」である（竹田（前掲書）も同様の整理をし、前者を前近代の宗教的物語用、後者を近代以降の哲学的物語用という位置づけをしているが、この区別が適当か否かはにわかには判断し難い。ここではその点は区別せず、現代からみての「伝統的な救済の物語」と一括しておきたい）。

まず、霊魂、あの世、神仏という道具立ての方から整理してみよう。

霊魂はそもそも「死んでも死なない」ものであるから、それを考え、語ること自体が、死後も何らかの意味で生が続くことを想定している。つまり、霊魂の存在を認める物語を作るだけで、②の要請はみたされる。

そして、①、③、④の要請をより明確にみたすために、あの世や神をはじめとするさまざまな超越者が物語に登場することになる。

「あの世」とはすなわち、霊魂が死後も「生きて」いく場所に他ならない。「天国」「極楽」あるいは「地獄」といった凝ったつくりのものでなくても、「この世」の他界としての「あの世」は、霊魂がさらに「生きて」自分の価値を保持していく、あるいはさらに価値を作り出していく場所を物語に提供し、③の要請をみたすことになる。

さらに、死んだら「天国」「極楽」あるいは「地獄」に行く、という言い方がされるとき、その行き先は、善行を積んだり修行を積んだりすることで彼または彼女が生前に獲得した価値によって、死の時点で決まるとされるのが普通である。ということは、この場合、死は「究極の支え」としての位置を得て、①の要請はみたされることになる（キリスト教のような「最後の審判」型の場合でも、個々人の死から「最後の審判」までの間は「モラトリアム」なのだから構造は同じである）。

そしてさらに、その行き先としての「あの世」では、生前と同じ価値観が成立しているとされるのが普通である。つまり、死によってそれまでの生によって生み出された価値が消滅しないことを保証し、④の要請がみたされることになる。

「審判」を下す神や嘘をつくと舌を抜く閻魔大王、あるいはあらゆるものの創造者としての神や仏やさまざまの超越的存在は、この生前と死後を通して保持される価値の判定者にして保証＝維持者に他ならないわけである。

次に、類的存在者という道具立てを整理すると以下のようになるだろう。

生きている人間についても、自分は誰とも替わることのできない独自のものとして一人で存在している、という側面と、自分が存在することにとって何がしかの集団・共同体の一員であることは欠くことのできないことである、という側面はともに重要である。ここで、前者の存在の仕方を「個的存在」、後者の存在の仕方を「類的存在」、その集団・共同体を「類的存在者」と呼んでおこう。

人間が類的に存在してもいる限り、類的存在者は死の帰無化作用に対抗しようとする物語にとって、重要な道具立てとなりうる。典型は、「自分は死んでも～は残る」というものだろう。～には「家族」や「徳川家」や「会社」が入ったり、「学界」や「党」や「民族」が入ったり、時には「人類」が入ったりもする。「人類」とすればもっとも一般的な形ということができる。

ある個人が死んでも、彼または彼女が属している類的存在者は通常は存在し続ける。したがって、その残存する類的存在者とどれだけ「同一」意識をもてるかに応じて、先ほどの要請が充たされていくことになる。

価値観が同じというに留まるにしても、④の要請に対してゼロにはならないという程度には応えることができる。もし、同じ類的存在者の残存していくメンバーが自分の人生の価値を見直し続けてくれるなら、その度ごとにその価値はよみがえることになる。凱旋門から墓にいたるまで、すべての「メモリアル」の存在意義は、この見直しの機縁を与えることにあることは言うまでもない。このような筋立てのためには、類的存在者は自分の生前を知っている範囲に想定しておいた方がよい。

もし、ここでその類的存在者の残存性がきわめて強固であれば、①の要請も充たされることになろう。そのためには、今度は想定する類的存在者はできるだけ広い方がよい。言うまでもなく「人類」が最適である。

このような物語においては、「自分は死んでも〜は残る」と「〜のために死ぬ」(〜には同じ類的存在者が入る)がペアになることが多いこともうなずける。「〜のために死ぬ」とは、〜という類的存在者との価値観の一致の、自分の側からするきわめて強い表明と言うことができるからである。

そしてさらに、類的存在者が残存するということはある意味では自分が生き続けることでもある、というような強い「同一」意識がある場合には、②や③の要請も充たされることになるだろう。その場合は、残存する類的存在者およびそのメンバーが行なう価値の生産は、ある意味では自分が行なうことでもあり(③)、また自分が生前に行なったこと・作り出したことは、少なくともこの新たな価値の生産のために役立つことではあるからである(②)。

死のタブー化と死のポルノグラフィー化

さてしかし、どうだろう。あなたは以上のような道具立てを用いた死の救済の物語を受け入れるだろうか。今の私の整理を、取ってつけたような理屈づけと感じはしなかっただろうか。現代日本に生きる我々は、このような死の救済の物語を共有しているだろうか。

もし、これらの伝統的な道具立てを用いた死の物語が現在の我々に共有され、完全に機能しているなら、死の帰無性は乗りこえられ、「死んでしまえばみな終わり」というフレーズは我々の前から姿を消しているはずである。しかし、このフレーズを耳にすることは珍しくはない。少なくとも私は「死んでしまえばみな終わり」をすぐに思いだした。

では、これらの伝統的な道具立てを用いた死の物語は、もはや全く流通しなくなってしまったのか。これもまた、事実ではないことは言うまでもない。

ということは、伝統的な道具立てを用いた死の救済の物語は、消滅したわけではないが、いわば機能不全の状態にあると考えることができる。そうである限り、死の帰無性も乗りこえられてはいない。つまり、死は「不安」の対象であり続けている。

アリエス（『死と歴史』）の「現代では死はタブーの対象となっている」という言い方、特に「タブー」という言葉が有名になったのは、それがこのような状態から帰結する我々の態度をうまくとらえているからであろう。

「現代では死はタブーの対象となっている」というのは、現代社会における死に対する無関心を意味するのではない。いうまでもなく、その逆である。アリエス（同書）は、配偶者を失った人の翌年の死亡率は二十世紀になってからの方がより高い、という注目すべき事実を紹介している。

「死がタブーの対象となった」ということは、我々にとって、死はひどく気になることでありながら、伝統的な道具立てを用いた救済の物語によってそれをうまく受けとめることができない、したがって、自ら死を見ないようにし、死を人々の目から隠す手だてを作り上げていく、そのような状態に他ならないのである。

しかし、より精確に言えば、ゴラー（『死と悲しみの社会学』付論二）が言うように、死は「ポルノグラフィー化」されたと言うべきであろう。死の物語が全く消滅したわけではないからである。

死の救済の物語が、死を意味に満ちた理解可能なもの、受け入れ可能なものに転換するのは、その物語が社会に共有されている場合に限られる。そのように死を語るのは私だけではない。皆がそのように死を語っている。語ることでそのように死を理解している。そういった社会に共有された物語が存在するとき、我々は自らそれにしたがって死を語り、死を理解し、受け入れる。

消滅したのはこの共有性である。

しかし、死はひどく気になることである。なんらかの形で死を語らなければ、そもそも我々は死を受け入れることはできない。しかし一方、社会に共有された物語がない場合、死は公的空間では「口にできないこと」になる。

その結果、死と死にともなうものとの出会いは「人目を忍んでするもの」になっていく。死を語ることは、「タブー視された行動を描写して、幻想・妄想を生みだそうとする」ものであり、「主に一人でこっそり楽しむもの」であるところの「ポルノグラフィー」化していくことになる。このような把握は、日本の八〇年代以降の死を語ることのブームのある一面にも、確かに当てはまる。

「死ぬまで一生懸命に生きる」

さて、私はこの章の冒頭で、死について一時間考えた上での「結論」として、「死んでしまえばみな終わり」とならんで「とにかく死ぬまで一生懸命に生きる」を挙げた。

現代における死と自分の関係についての「考察」の結論が「とにかく死ぬまで一生懸命に生きる」になると、私が相当程度自信を持って言える論拠は、これまでの考察から次のように考えられるところにある。少々長くなるがこれまでの考察を整理してみよう。

我々は、死のような自分の人生で起こる出来事を「まじめに」考えようとすると、「人はどのように生きるべきか」ということと結びつけて考えるのを常とする。より精確に言えば、現代の我々のうち、死を「まじめに」考えようというような姿勢を持っている人は、物事を「まじめに」考えるということと「人はどのように生きるべきか」ということとを、結びつけて考えるのを常とする。

一方、現代の我々が「人はどのように生きるべきか」ということを改めて考える際にとる考え方は、目標・目的の連鎖構造に人生の価値や意味の支えを求める考え方、あるいは近代的時間意識を伴った価値生産主義的な考え方である。ところが、このような考え方をとると、人生の価値や意味は否応なく死の理解を支えにせざるを得ない。

つまり、現代の我々（のある部分）にとっては、「物事をまじめに考える」と「人はどのように生きるべきか」と「死の理解」が結びつくようになっているのである。

しかし、この三幅対は困ったことに死の帰無性を導き出す。

それでも、ここでもし霊魂・あの世・神や類的存在者といったものを道具立てとする死の救済の物語を受け入れることができるなら、三幅対の構造を崩すことなく、その支えとなる死の理解を得ることができる。ところが、その支えとしての死の理解を提供する伝統的な道具立ての死の物語は、もはや絶対の共有された信憑性を持ち得ない。

ところで、この伝統的な道具立ての死の物語は、結局のところ「死んでも死なない」というものである。つまり、死が生の終わりであるところからくる死の帰無性を、死を生の終わりという性格づけから解放することによって、打ち消そうとするものである。

したがって、このような死の物語が成立しない以上、死の理解・意味づけは死後からなされるものではなく、死へと向かう生の方からなされざるを得ない、ということになる。

しかし、ということは、その死との関連で見出される人生の価値や意味についても、生きているその時において見出すしかない、ということを意味する。

となれば、人生の意味や価値について考察することがひとまず「我々はよりよい生をめざし続けるべきだ」と考えることである以上、「我々は生きている限りよりよい生をめざし続けるべきだ」ということにならざるを得ない。

しかし、ここでさらに「よりよい生」の内実を決めようとしてみよう。しかし、それは、生の中で見出されるものである限り、死の帰無性に逆らえない。つまり「死んでしまえばみな終わり」である。

だから、結局のところ、何に価値があるとは言えないが、何かに価値があるとすれば生きているその時において作り出すしかないのであるから、生きている間はずっと、少しでも多くそれを作り出すしかない（だから今では「一所懸命」より「一生懸命」の方が納得されやすい）。

したがって、現在の我々にとっての、死を「まじめに」考えた上での「結論」の典型は、「死んでしまえばみな終わり」とセットになった「死ぬまで一生懸命に生きる」なのである。

哲学者の梅原猛も以前は同じような物語を受け入れていたと語っている（「永遠の宿題　人間にとって死とは何か」『朝日新聞』二〇〇一年八月十四日夕刊）。梅原は「戦後約十年」、ここでいう伝統的な死の物語を信じない「無神論者」であったそうだ。そして、「そのころの私であったら諸君に言うであろう。死の背後には何もない。イエス様やお釈迦様の言うことはすべて嘘だ。そんなものに騙されず、この限りある人生を精一杯生きよ」（現在の梅原が受け入れている物語は別のものであるが、それについては第二章で紹介する）。

死の物語

このような、死の理解を含み込み、それを支えにして「人はどのように生きるべきか」を考えたものを「死生観」と呼ぶことができる。

近年さまざまに語られている死についての言説の代表的形態は、この死生観である。ベストセラーになった『大往生』（永六輔）、『よく死ぬことは、よく生きることだ』（千葉敦子）、

『病院で死ぬということ』（山崎章郎）は、みなこの死生観的な書物である。『大往生』の帯には端的に「これは僕の生き方講座です」とある。また『死ぬための生き方』（中高年向けの雑誌『新潮45』に四回にわたり四十二名の執筆者が書いたものをまとめたもの）などという書名は、裏返しにその立場を表明している。その他、宣伝文句が「死のありようから、生の意味を問い直す」となっている書物は数多くみられる。

しかし、死生観だけが死を語る語り方というわけではない。

ここで、死を語ること、死の物語ということそのものについて少し考えておこう。

近ごろ、人間の自己理解、世界理解にとって「物語」というものがきわめて重要だ、という考え方が広く認められるようになった。すなわち、我々が自分や世界のものごとを理解するためには、「物語」という形式を欠くことはできないのではないか、というのである。

近ごろのこのような考え方にいう「物語」とは、私なりに整理すれば、以下のような条件をみたすものである。多くの構成要素から成り、それらが時間的性格をもつ一定の筋のもとで構成されることで一まとまりのものとなり、全体および個々の構成要素が一定の意味を持つに至っている、何らかの意味でフィクション性を有する「語られたもの」で、それの存在や意味の理解が社会的に共有されているもの。

死が、より精確に言えば死に関わる物事が、このような物語という形によって理解することに適したものであることは明らかだろう。

第一に、先ほども述べたように自分が死ぬことは直接には解明が不可能なものであるから、自分にとっての死について語ることは何らかのフィクション性を有することになる。

第二に、死は時間の中で生じる出来事であり、しかも（後の章で詳しく論じるが）瞬間的出来事ではなく、一定のプロセスであるととらえ得るものである。

第三に、より積極的には、死はそのような形で言葉で語られることによってはじめて理解可能なものとなり、それ自体が意味をもつものとなる（例えば、「死は人生のすべての営み、出来事に意味を与える「究極の支え」として、生の終端あるいは全体像を与えるものである」というように）。

第四に、さらにつけ加えるならば、物語がこのようなはたらきをするためには、それが社会＝共同体に共有されねばならないが、死は人間誰にでも生じる（と思われている）出来事である。

すなわち、死あるいは死的なものごとを物語的に理解することによって、死あるいは死的なものごとは世界の他のものごととの緊密な意味と筋のつながりの中におさめられ、我々にとって理解可能にして受け入れ可能なものとなるのである。

もちろん、物語の典型としては、神話、昔話、寓話といったものを考えることができる。

先ほど「伝統的な死の救済の物語」と呼んだものもまた、このような意味での物語的理解の典型と言うことができよう。

しかし、考えてみれば、我々が何ものかを、何ごとかを理解するとき、それを誰かに語ろうとする限り（語る相手は「自分」ということも、非在の誰かということもあり得るが）、それは先ほどの条件をみたしてしまうのである。

例えば、これまでの叙述もまた死についての一つの、きわめて抽象的で概念的な物語的理解の試みということができる。

すなわち、これまでの叙述は、人生の意味や価値という時間的推移をともなう事柄について用いられる概念や論理で構成された議論（＝一定の筋）のなかに、死というものを位置づけ、それによって死を理解しようとする試みだからである。そして、これまでの叙述の筋立ては、「説明」である以上、何らかの意味でフィクション性を有するが、決して特別なものではなく、一定の社会的共有性があるということができるからである。目標・目的の連鎖構造に人生の価値や意味の支えを求める議論は、古代ギリシャからあるきわめてオーソドックスな議論であり、我々が「価値生産主義」と名付けた「人生観」も、現代日本において一般的に受け入れられているように思われる。

さてしかし、このように考えるなら、死生観という形で死をとらえること、すなわち死を考える際にそれを「人はどのように生きるべきか」と結びつけて語ること自体が、死に関する一つの物語に他ならないと言うことができる。

すなわち、死を「人はどのように生きるべきか」を組み込んだ物語の中で語らねばならないということはない。また、「人はどのように生きるべきか」が死と必ず結びつかなければならないわけでもない。つまり、我々が「人はどのように生きるべきか」という問題について、目標・目的の連鎖構造に人生の価値や意味の支えを求める考え方や、あるいは近代的時間意識を伴った価値生産主義的な考え方ではない別の物語で語るとしたら、必ずしも、人生の価値や意味についての考察が、死の理解を支えにする必要はなくなる。

死を語ることの「ブーム」

ゴラーの把握とは離れてしまうが、「ポルノグラフィー」というとらえ方に引っかけて言えば、「ポルノグラフィー」的な語り方というものは、「社会全体に十分に共有される可能性を放棄する」という条件を守る限り、どんな語り方でも「あり」ということでもある。

死についても、もしそのような意味で「ポルノグラフィー」化が進むならば、死はかえって盛んにさまざまな形態で語られるものになるであろう。

しかも、死について語られたことというのは、その核心のところでは必ず何らかのフィクション性を有しているということは、可能性としては何とでも語れるということである。つまり、誰かが「人は死ぬことで〜のようになるのだ」、「大往生とは〜というものである」、「死ぬための生き方とは〜のようなものだ」と言ってみたところで、それとは別の語り方をして、それとは異なった意味づけをする可能性は常に開かれているのである。

極端に言えば、死という出来事にかかわるすべてのモメントを取り上げることが可能である。死を何とでも結びつけることができる。死ぬことをどのようにでも評価することができる。そのような物語を用意できさえすれば。

このような視点から、「はじめに」で指摘した死を語ることの「ブーム」を積極的に評価することができる。

確かに、このブームは、社会全体に共有されるような死の物語の消滅としての死のタブー化、あるいは死のポルノグラフィー化と表裏一体とみなすことができる。そこにある語り方の多くは、より詳細に語られれば語られるほど、それを共有する集団を小さくするような語り方である。

また一方、それらの多くは、一見多様に見えて、伝統的な死の物語の道具立てを用いていることや、死生観的な語り方に変わりはないという意味では、既存の物語の枠を出ないことも事実である。

しかし、死を語ることの「ブーム」のなかで、人々は自分で死を語るということの可能性を現実化し始めているのである。少なくとも、自分が気に入った死の物語を選択できる、死の物語の多様性が実現し始めているのである。

死生観的な語り方かもしれないが、互いに小さな差異をもつ数多くの小さな死の物語が語られる。伝統的な死の物語の道具立てを用いながら、ごく少数の人にしか受け入れられない特殊で荒唐無稽な死の物語が叫ばれる。

これは、それ自体はひとまず歓迎すべき事態である。なぜなら、そうであってこそ、各人が誰のものでもない一般的な死ではなく、自分の死を語ることができるのであるから。

さらに、各々の死の語り方、死の物語の背後には、それを支える人間観・世界観とでもいうべき、さらに大きな物語があるに違いない。そう考えるならば、死を語ることの「ブーム」の内に、通常、現代の日本社会に支配的であると思われているようなものとは異なる、多様な世界観・人間観が露出しているのだとも言える。

しかし、まあそれはひとまずおいておこう。

この書物で、私もいくつかの物語の中を経巡りながら、さまざまに死を語ってみようと思うのである。

第二章　何が生き、何が死ぬのか

生命と個体

日本学術会議議長である吉川弘之が「新しい科学者　破綻する現代社会に期待される問題解決者」（東京電力発行の科学情報誌『イリューム』Vol. 10, No. 2, 1998）という文章で、「科学の新しい成果の実際的応用に関連して、その倫理性が問われる問題が続出している」と述べ、その一例に臓器移植を取り上げている。吉川は、対応が求められている「科学の成果知識の適用の結果として生起する問題」を、特定の技術の適用から直接に帰結する「固有の破綻」、適用の結果の累積から生じる「状況の破綻」、異なる領域の科学技術の競合による「関係の破綻」の三つに分類する。臓器移植は第一の「固有の破綻」に位置づけられる。

すなわち、「移植は多かれ少なかれ他の生体との合体という事実である以上、生命体における個体の意味は変更を余儀なくされる。現在の社会が、政治も経済も、社会制度も、生活上の諸習慣も、すべて個体を単位として成立しているものである以上、個体の定義の変更は観念上の変化にとどまらず、社会のすべての構造の変化へと波及せざるを得ない」というのである。

吉川は工学者であり、特に生物学や医学を専門領域としているわけではないが、逆にそれゆえに、臓器移植という新しい「技術」について（自然）科学者がどう受け止めるかということの一つの例を、ここに見ることができる。社会における科学技術のあり方に全く無関心でない限り、科学者にとっても、臓器移植は我々のものの考え方全般とかかわるできごととして受け止められているのである。

吉川が的確に着目しているように、生命概念と個体概念は密接に関係している。そして、臓器移植という技術はその関係に変化をもたらす。また、吉川は「臓器移植の場合、死後提供は人の死とは何かの厳密な定義なしには実施できないので、社会全体を巻き込む大きな話題となった」と指摘しているが、これも適切な把握であろう。

しかし、生命科学や医療技術の発展と生・死の関わりの問題はもっと複雑である。何が生き、何が死ぬのかということを我々がどのようにとらえてきたか、今そのとらえ方がどう変わろうとしているのか、ということは、自然科学の立場に立ったとしても、そう単純に割り切れる事柄ではない。そして、それがさらに自然科学の外部の理解と絡み合って、現代における死の物語を形成している。

この章では、現代の代表的なものの考え方の一つである自然科学的立場においては生と死がどのように論じられるのかを確認し、生命科学や医療技術の発展がその議論をどのような方向に導いていくことになるのかを検討して、現代における死の物語の展開の一場面を整理することにしたい。

生物と物質

我々は、生きているもののことを生き物、生物という。では、死んでいるもののことを死に物、死物というであろうか。

死物と言わないわけではない。しかし、日常用語としての死物という言葉は「役に立たないもの」あるいは「利用されていないもの」という意味であり、ここには前章で取り上げたような「生とは価値あるもの、すなわち役に立つものを生み出すこと」という考え方の投影はあるものの、生物と死物が生と死のように対の概念として用いられているとは言えない。死に物という言葉は通常用いられない。

現代の我々にとって、生き物、生物という言葉と対をなすのは、死に物、死物ではなく、物あるいは物質である。

ところが、生き物、生物という言葉の中には物が入っている。また、我々の常識にしたがえば、生き物、生物もまた物質でできている。ということは、生き物・生物と物・物質という対は、単純な対概念ではない。

このことは、死の理解とどう結び付いているのか。まずは生き物、生物もまた物（もの）であるというところから考えていこう。

我々は通常、「何かが物（もの）である」ということを、それには大きさ、重さ、形があり、目でみたり手でさわったりすることができるということ、を言い表わしていると考える。通常、我々が問題にするのは物（もの）か事（こと）のどちらかであるが、事（こと）の方は、大きさ、重さ、形があるとか、目でみたり手でさわったりすることができるなどと必ずしも言えないのに対し、物（もの）はそうできる、というわけである。そういう意味で、樹木も、机も、人間も、時計もみな物（もの）ということができる。

しかし、ここで、樹木であったり、机であったりすることがわかっている何かを、あえてそれは物（もの）であると言ったとしたらどうであろう。

この場合は、何かが物（もの）であるということは、その何かを取り扱ったり、説明したりするのに何か特別なことを必要とせず、多くの他のものと同様な方法でできる、ということを言い表わしていると考えることができる。つまり、樹木は樹木としての、机は机としての性質をもっており、その限りで、各々それに応じて取り扱ったり、説明したりする必要があるが、それでもなお、樹木も、机も同様の、人間や時計とも共通の扱い方や説明の仕方をすることができる。したがって、これらはみな物（もの）だというわけである。

これは別に難しいことを言っているわけではない。共通の説明の仕方というのは、例えば先に述べた「大きさ、重さ、形があり、目でみたり手でさわったりすることができる」というようなことであり、共通の扱い方というのは、例えば、「空中で手を離すと下に落ちるから支えの台を置く必要がある」というようなことである。

先ほどの「生き物、生物もまた物（もの）である」という場合も、「物（もの）である」ということを、このような意味にとる必要がある。つまり、この表現は、生き物、生物には、生き物、生物である限りの説明の仕方、取り扱い方があるが、他の物（もの）と共通の扱い方や説明の仕方をすることもできる、ということを言い表わしていると考えられる。

さて、しかし、多くの物（もの）に共通の扱い方や説明の仕方といっても曖昧なものである。説明の仕方の実質的な内容として、いま挙げたもの以外を示すのはむずかしいし、逆に扱い方については何とでも言えるところがある。

自然科学の概念としての「物質」は、この曖昧さをできるだけ排除しようとして形成されたものと考えることができる。

近代ヨーロッパに成立した自然科学的なものの見方については、おおよそ以下のように整理することができる。すなわち、ものごとを経験的に観察、検証できる範囲で問題にし、等質なる構成要素の機械論的・力学的把握を行ない、数量的に法則化して把握することをめざすものの見方。

ここで重要なのは、自らが自然科学であるとする知的作業は、自然科学とはおおよそこのような見方で世界に存在するものすべてをとらえきろうとするものであるという理解にもとづいて、自らをそれに同定してきたと言える点である。すなわち、世界に存在するものすべては、自然科学的にとらえられる限り、共通の扱い方や説明の仕方をすることができるものでなければならないのである。

「物質」とは、このようなものの見方のもとで、共通の扱い方や説明の仕方をすることができるものの総称に他ならない。つまり、自然科学にとっては、世界に存在するものすべては物質であり、物質の集まりなのである。自然科学的にとらえられる限り、樹木も、机も、人間も、時計も、みな物質以外のものではあり得ない。

生き物、生物も例外ではない。このような自然科学的なものの見方のもとでは生き物、生物もまた物質であり、物質の集まりである以外の可能性はない。

そして、生物学とは、物質の集まりであるととらえられた限りでの生き物、生物（以下

「生物」という言い方にまとめる）について、他の物質の集まりとは異なった説明の仕方を探っていこうとする自然科学の一領域に他ならない。

機能としての生命

さて、では、生物について他の物質の集まりとは異なった説明の仕方を必要とするのはなぜか。

言うまでもなく、それは生物が「生きている」からである。それに対して、それ以外の物（もの）、自然科学的に言えば物質（の集まり）は「生きていない」。この区別を立てなければ生物学は存在する必要はない。

したがって、生物学はその成立の最低条件として、物質の集まりであるととらえられた限りでの生物について、それが「生きている」がゆえに必要となる説明の仕方を提示しなければならない。

この説明の仕方としてまず考えられたのは、生物は他の物（もの）とは異なった物質から形成されているという説明である（その名残は、有機・無機の区別という形で現在にもある）。

しかし、このような説明が矛盾を含んでいることは明らかであろう。他の物（もの）とは異なった物質から形成されているとするためには、何らかの生物にしか含まれない物質が存在しなければならない。しかし、少しでも生物にしか含まれない物質があるとするならば、先の議論からして、それはもはや、すべての物（もの）において共通の扱い方や説明の仕方をすることができるものとしての物質ではない。とすると、生物は物質でないものからできていることになり、自然科学の対象ではなくなってしまう。

したがって、生物を自然科学の対象とする限り、生物が「生きている」がゆえに必要となる説明は、他の物（もの）を構成しているのと同じ物質（群）が、特定の構造・結びつき方をしているという方向で行なわなければならなくなる。伝統的には有機体という言葉を用いて行なわれた方向である。

では、物質から形成されている生物に特有の構造・結びつき方を、他の物質（群）の構造・結びつき方から何によって区別することができるだろうか。

この区別は、結局のところ、生物以外の物（もの）にも共通な物質（群）が、生物という物（もの）において結びつき、ある構造をなしている時になす機能・働きから行なう以外にない（この、共通の物質からできている物（もの）を分類する際に、その物（もの）の各々に異なった機能・働きから行なうというやり方は、周期律表をはじめとして、共通の「物質」という立場に立つ限りの自然科学にとってきわめて自然なやり方である）。

かくして、生物学における「生きている」――以下、生命という――は生物の特定の機能に見出されることとなる。

生物学と生・死

さてしかし、このように生命を機能と考えると、生命と死の関係はいかなるものとなるだろうか。

我々にとって典型的な生と死の関係は、実は、移行の関係である。つまり、生きているものが（いつか）死ぬというものである。すなわち、死とは、あるものの生を前提としてそれが移り変わるという限りで問題にされるものである。例えば、第一章で取り上げたような死生観的な死の理解も、明らかにこの移行的な生死関係を踏まえてのものである。また、輪廻転生というような考え方をするなら、死から生へという逆の移行ということも言い得るが、それもあるものが移り変わるという限りであることにかわりはない。

それに対して、機能としての生命と死の関係は、端的な対立関係である。すなわち、ある物質（群）について、それが特定の機能を果たしている状態が生命という状態であり、その機能が無い状態が死という状態である。

無論、これに生と死の移行関係を重ねて、死とはある物質（群）が特定の機能を喪失した状態への（不可逆的）移行ということもできるが、この移行によって生命が喪失した状態と生命が端的に無い状態を区別することはできない。

ここで重要なのは、この生命という特定の機能を果たしていないという状態は、（生命状態以外の）いかなる物質（群）にも共通の状態である、ということである。

ここに、生物もまた物質の集まりであるにもかかわらず、生物は生きているものとされ、物質は死せるものととらえる見方が成立してくることになる。

しかし、こう考えるならさらに、このような生命と死の関係は対等な対立関係とはいえないことになる。死とは何か積極的な状態ではなく、要するに生命という状態でない、生命の欠如態にすぎないわけである。

かくして、生命を物質の集まりの機能として考える限り、以下のような帰結が導かれる。

第一に、ある物質の集まりが生きているか死んでいるかの判断は、生命という機能をどのようなものと考えるかによって左右される。

第二に、その特定の機能をもたないところの物質の集まりは、死んだものと判断されることになるが、このように判断することと、それを単なる物質の集まりとみなすことの間に積極的な違いはない。

さてしかし、ここで問題が生じる。

いま述べた第一の帰結にしたがって、ある物質の集まりが生きているか死んでいるかを判断しようとしても、生物学の内部では判断のしようがないのである。なぜなら、そのためには、生命という機能がどのようなものであるかを決定しなければならないが、それを生物学の内部では決定できないからである。

すなわち、生命という機能がどのようなものであるかを、その機能を有しているものすなわち生物を構成している物質（群）の性質から決定するという途は、先ほど述べたように閉ざされている。となれば、生物学が自然科学である限りそれは物質（群）の性質を論じる以外の方法を持たないのだから、生命という機能がどのようなものであるかは生物学の外部から与えられるしかないのである。

外部から与えられるもの、それは結局「生きている」ということでしかない。

すなわち、生物学は、未だ曖昧なままに留まっている日常的把握としての「生きている」を、生命機能というかたちでできるだけ明確にしようとしているのである。実際、生物学者の多くは、生命という機能の「定義」として（自己同一性を前提とした上で）自己保存性、自己組織性（自律性）、自己再生産性（自己複製性）などという一見明確な感じを与える特徴を挙げるのを通例とする（例えば、多田富雄・河合隼雄編『生と死の様式』における生物学者たちの叙述）。

ただし、それは常に、このような定義が完全であるという確証はない、という注意書き付きなのである。

つまり、生物学、あるいは同様に自然科学的に生命にかかわる学問――現代医学も当然ここに入る――は、どんなに精緻な議論を積み重ねたとしても、その究極の支えとしての生命概念については、日常的把握としての「生きている」から自由ではありえないのである。

しかし、私はここで、生命概念が究極において「生きている」という「曖昧な」「日常的」把握に支えられているということが問題なのだと言いたいのではない。

そうではなくて、生命を物質の集まりが有する機能であるととらえる立場にとって自然な態度と、ある生物を「生きている」ととらえる「日常的」把握にとって自然な態度との間には、明らかにギャップがあるにもかかわらず、生物学あるいは特に医学的な場面においては両者が結びつかざるを得ないところに、さまざまな問題が生じてくることを指摘したいのである。

個体と臓器―「三徴候死」の二義性―

この章の冒頭で取り上げた生命と個体の関係も、このギャップと結びつきがかかわってくる問題である。

「生きている」の方から考えていこう。

この章の冒頭に引用した吉川弘之も前提としていたように、現代の我々にとって、「生きている」という概念は、人間を典型とする個体について用いられる概念である。「生きている個体」が生物に他ならない。

「個体 individual」とは「それ以上分割できないもの」のことである。個体が想定されれば、それをさらに分割するという態度は生じようもない。したがって、「生きている」という概念をもっぱら個体に用いるということは、個体の部分については、「生きている」あるいは「死んでいる」というようなことをそもそも問題にしない、し得ないということである。

それに対して、生命を物質の集まりが有する機能であるととらえる自然科学的立場に立つならば、生命機能を有する物質の集まりを日常的な意味での個体のレベルに限定する必要はない。大きかろうが小さかろうが、ある機能を有する物質の集まりは生命をもつ。

そもそも、日常的に把握されているような大きさの個体という概念が、自然科学的立場とはなじまない。自然科学とは、日常的に把握されているような大きさの個体を分割して、その部分的要素からその在りようを説明しようとするものである。物質という概念も、この分割可能性をできるだけ確保するためのものと考えることもできる。「それ以上分割できないもの」を認めるにしても、それは原子さらには素粒子といった究極の最小単位においてである。

したがって、生命機能に関しても、その担い手を、生命機能を可能にする限りで、より小さいものに求めていく傾向が生じる。生物学的探索の対象の中心が、長い間、細胞に置かれていたこともここから理解できる。

「生きている」のは個体と考える「日常的」把握と、生命機能を個体より小さいものにも認めることができる自然科学的立場との絡み合いは、死の判定の場面で複雑な様相を示す。

まず、いわゆる「三徴候死」説を考えてみよう。

三徴候死説とは、心拍鼓動の停止、自発呼吸の停止、瞳孔散大と対光反射の消失という三つの徴候が確認される時、その人間は死んでいるとする考え方である（ここでいう「停止」「消失」はもちろん不可逆的に喪失するという意味である）。

臓器移植とのからみで「脳死」説が登場した現在、三徴候死説はそれと常に対比され、「一般に受け入れられている」死の判定の仕方として位置づけられることが多い。脳死・臓器移植をめぐる議論を一見すると、脳死説に関してはその定義にさまざまな意見の対立があるようにみえるのに対し、三徴候死説については共通理解が成立しているように語っているものが多い。

しかし、ここで着目したいのは、三徴候死説に含まれている二義性なのである。

三徴候死説で気づくのは以下の点である。まず、「徴候」と言われているものは機能の停止・消失であること。これは三徴候死説が自然科学としての医学にその支えを見出している考え方である以上、当然である。

では、その停止・消失した機能を有していたのは何であったのか。先ほどのような一般に語られている限りの三徴候死説においては、それは積極的には示されていない。ということは、以下のように二通りに解釈できるということである。

すなわち、医学あるいは生物学を専門としていない人が自然に受け止めれば、それは「個体」としての人間であろう。一般人にとって、三徴候死説における死の時点とは、「個体」としての人間が三つの機能を不可逆的に失った時と理解される。

対して、医学あるいは生物学を専門とする人にとっては、心拍鼓動は心臓の機能であり、自発呼吸は肺を中心とする呼吸器系の機能であり、対光反射は眼（ということは脳なのだが）の機能であると受け取るのが自然だろう。各々の臓器（系）がこのような機能を不可逆的に失った時が、自然科学の立場に立つ人にとっての三徴候死の死の時点である。

このような二義性は以下のような意味を持つ。

三徴候死説は、死の判定に（自然科学としての）医学的概念を導入した考え方である。その限りで、人間の死を生命という物質（群）の機能の消滅に還元してとらえようとする。

先ほど述べたように、生命を物質の集まりの有する機能としてとらえる自然科学的立場から考えるならば、ある機能を想定した場合、それに対応する物質の集まりは、その機能を可能にする限りで必要最小限のものを考えることが自然である。したがって、三徴候死説が「(自然科学としての)医学的」であることが否定されないためには、心拍鼓動は心臓の機能等々と解釈することができなければならない。

しかし、先ほど述べたように、普通の人間にとって「生きている」という概念は本来、人間を典型とする「個体」について用いられる概念である。したがって、それを生命という物質(群)の機能に還元して解釈するとしても、医学あるいは生物学を専門としていない人に三徴候死が受け入れられるためには、停止・消失した機能を有していたものが個体としての人間であると解釈し得ることは必要不可欠である。

すなわち、三徴候死説の二義性は、それが「医学的」であることと、一般人に受け入れ可能なものであることを両立させるはたらきをしているのである。

三徴候死説が一定の期間ある程度安定した死の「判定基準」としての地位を保つことができたのは、それが一般の人々にも、かつ実際に死の「判定」を行なわねばならない医者たちにも、とりたてて違和感なく受け入れられてきたことを示している。三徴候死説がここのところ——つまり、自然科学的であることをその重要な特徴とする(西洋近代)医学が社会において一定の役割を果たすものとなってこの方——このように受け入れられてきたのは、それが二つの解釈を許容し得るからだと考えることができるのである。

生命の「分解」

さてしかし、より精確に言えば、おそらく三徴候死説の形成過程の最初においては、医学をなりわいとする人たちも、医師として死の判定をする際に、心拍鼓動の停止を心臓の機能の停止と解釈することはなかったのではないかと思われる。

なぜなら、ある時代以前においては、心臓等の機能の停止と「個体」の生命機能の停止を区別することは事実上不可能であったであろうから。つまり、それは「同時」に起こる出来事なのであり、その限りにおいて、現在では臓器の機能とされるのが自然なさまざまな機能は、そのまま「個体」の生命機能であったであろう。

ところが、ある時期からそれは区別されるようになっていった。無論、それは大きく言えば、人体の構造すなわち各臓器やさらにその構成部分の研究が進んだからである。わからないものは区別できない。各臓器やその構成部分について研究するということは、それをより大きなまとまりから区別して取り出すということである。

生命機能を臓器の機能ということから考えていこうとする姿勢が明確な形を取った一例と

して、人工臓器を挙げることができるだろう。一九四三年の人工腎臓（人工透析器）を始めとして、さまざまの人工臓器の実用化がめざされた。

人工臓器とは、生物としての人間が生き延びるために臓器の機能を代わりに果たす人工物である。人工臓器の実用化がめざされるということは、第一に、その臓器の有する、人間が生きていることに必要不可欠な機能が特定されたということ、第二に、その機能を人工的に提供できるめどが立っているということを示している。

人工臓器というと、この第二の点が着目されることが多かった。つまり、あたかもすべての臓器の人工臓器がすぐにでもできるのではないかと考えられ、そうであるならば人工的な生物、いや昔風に言えば「人造人間」が登場するのではないかというわけである。しかし、実際には人工臓器の実用化はきわめて難しかった。

実は、先ほどの第一の点がきわめて重要な意味を持つ。すなわち、「個体」としての人間の生命機能が何であるかということが特定される前に、その部分としての臓器の持つ、——さあ、ここをどう表現するか。結局次のように表現するのが自然であるような受けとめ方を我々はしたのである——生命の機能の一部を特定するということがめざされ、そして特定されたと考えられたのである。

確かに、「一部」ではあるが、それは必要不可欠でもある。特定されたそれを生命機能と呼ぶことは自然である。無論、無条件に、この臓器は生命機能を有する、あるいは逆に、その機能を持つ限り臓器は「生きている」とまで言うことはできないだろう。しかし、「この臓器は生命機能の一部を有する」と言うことは正当であり、その限りでこの臓器を「死んでいる」ただの物質の集まりとは言えないことになる。

ここに、機能としての生命が、臓器などの「部分」にも認められ、さらには本来「個体」について用いられる概念である「生きている」「死んでいる」がそれらにも用いられる可能性が生じた、と言ってよいだろう。いわば、生命が分解される方向が浮かび上がったのである。

「脳死」説が開くもの

現代における臓器移植は、人工臓器の開発が現実にはなかなか困難であるところからめざされるようになったという歴史的位置づけをすることができる。つまり、それが果たしている機能が複雑である等の理由で、それを人工的に再現する方途を現在の我々は持っていないような場合、その臓器を人工的に作ることは不可能である。それならば、その機能をもっていることが確かな臓器そのものを移植すればよいではないかというわけである。

すなわち、移植される臓器は生命機能の一部を現実に発揮しているものでなければならない。臓器移植のために脳死説が必要となるのもそこに理由がある。

脳死説については、我々の議論に関係する限りであえてまとめると、以下のように言い得る。すなわちそれは、脳という一臓器がその機能を停止すれば、他のすべての臓器も必ず次々と機能を停止する。この移行は必然的であり、短時間に生じる。したがって脳が機能を停止した状態をもって人間の死としようという考えである、と言うことができよう（ここでも「停止」は不可逆的に喪失するという意味である。脳死説内部でも当然対立はあるが、脳死説である限り上記の構造をもつはずである。例えば、いわゆる器質的脳死説と機能的脳死説の対立は、脳の機能の「停止」ということを不可逆性の観点からどれだけ厳しく考えるかという対立と考えることができる）。

この説の考え方の特徴は以下の諸点にある。

第一に、脳の機能の停止の時点（＝脳死説における死の時点）と、他の臓器の機能の停止の時点の間の時間的推移を認めている点。

臓器移植のために脳死説が好ましいのはこの点にある。すなわち、脳は機能を停止しているが移植する臓器は機能を停止していない時間がある。そのために、殺人あるいは傷害罪に問われることなしに、機能を不可逆的に喪失していない臓器を取り出すことができるのである。

第二に、ということは、この説は各臓器が人間の生命機能の一部を各々に有しており、それをそれとして取り出すことができる、という把握を前提としていること。

移植された臓器の持つその機能は、臓器を移植された人間の生命機能の一部となるわけである（この章の冒頭の吉川の指摘はこの点を重要視していた）。

第三に、個体としての人間の生命機能に関しては積極的な把握を何もしていないこと。

脳死説を支持する医学者たちに、個体としての人間の生命機能について別にきけば、おそらく先に挙げたような自己保存性、自己組織性（自律性）、自己再生産性（自己複製性）等を挙げるであろうが、脳死説が語られる場面においては、このような機能に（少なくとも積極的に）言及されることはないといってよいだろう。

第四に、それに代わるかたちで、脳という臓器の機能の停止をもって人間の死とするという把握を提示しているということである。

この第三、第四の特徴は、「脳死」が「元来」の――つまり臓器移植との関係で医学界の内部で形成されたことに鑑みた限りでの――意味では、「脳（の機能停止）が原因で死ぬこと」「脳（の機能停止）が原因で死んでしまった状態」という意味で用いられることにも現われている（この点については東京大学医学部脳死論争を考える会編『解剖日本の脳死』において、公開討論会（一九九〇年五月開催）での出席者の発言についてのコメントという形で指摘されていることを参考にした）。そこでは、個体としての人間の生死については無規定のままなのである。

すなわち、脳死説においては——なぜ脳という臓器が特権的地位を占めるのかということについては別に論じる必要があるが——個体としての人間の生命機能にふれることなしに、その部分である臓器の機能への言及のみで、人間の死が語られているのである。

脳死説に対する違和感の、臓器移植医でさえその立場を離れると果たして抵抗なくそれを受け入れるかどうか疑問であることの、最大の理由はここにあると思われる。

実は、三徴候死説による死も、医学的に解せば、三徴候のどれかが原因となって死ぬこと、あるいは死んでしまった状態と解せて（つまりその代表が「心臓（の機能停止）が原因で死ぬこと、死んでしまった状態」としての「心臓死」である）、同じといえば同じなのである。しかし、「三徴候死説」には前述したような二義性があり、人の死が臓器の機能への言及のみで語られ得るようになったという点は明確ではなかった。

脳死説におよんで、ついに、我々は人間の死をその部分の機能への言及のみで語り得る時代に入ったこと、裏返せば、個体の部分についてもあからさまに生命機能を見出すことを始めた時代に入ったことを、自覚しないわけにはいかなくなったのである。

さまざまなレベルの生と死

さてしかし、あなたはここで、「脳死説をとるなら、死んでいる人から生きている臓器を取り出すことができる」、「三徴候死説をとって死を認定すると、取り出された臓器はすでに死んでいる場合が多い」と表現する誘惑にかられはしないか。

もしこのように表現することを認めるならば、個体の部分としての臓器・器官について、「生命機能の一部をもつ」という言い方を認めるだけではなく、「生きている」「死んでいる」という本来個体についてのみ用いられた概念をあてはめることを認めることになる。

我々は、ここに至って、自然科学的な物質一元論と生命＝機能説を経由して、レベルの異なるものについて、各々に生と死、「生きている」と「死んでいる」ということを語り得るところまでやってきたのである。

いったん、個体の部分としての臓器・器官について生と死、「生きている」と「死んでいる」と語ることを認めたならば、臓器・器官を構成する細胞について、さらに細胞の構成要素についてと、次々にそれらについて生と死、「生きている」と「死んでいる」とを語ることを認めないわけにはいかないであろう。

そして、それを、その各々が、自己保存性、自己組織性（自律性）、自己再生産性（自己複製性）を有している、という点から補強的に説明するということが行なわれることになろう。

無論、例えば、細胞がこれらの機能を発揮するのは一定の条件下のみではある。しかし、個体としての人間にしても、「生きている」ことができるのは一定の条件下のみであることに変わりはない。人間は宇宙空間に放り出されればすぐに死んでしまうのである。

「私」の投影と生の連続

さてしかし、ここで述べておきたいのは、このような形での生と死、「生きている」と「死んでいる」の把握に、ある発想を付け加えるだけで、伝統的な「死の物語」に近い「死んでも死なない」物語を語ることができるということである。

ある発想とは次のようなものである。

我々は、臓器、細胞といった下位の構成要素を、「人間の心臓」、「豚の肝臓」というように上位の個体レベルについての呼称をかぶせることで区別する。この区別は、「私の心臓」と「あなたの心臓」、「私の細胞」と「君の細胞」という形でも行なわれる。

ここで「私の」ということを強くとる。すなわち、「私」という個体から離れても「私の細胞」は「私の」性を失わないと考えるのである。そして「私の」性のうちに「私」という個体レベルでの生命性の「投影」を認めるのである。

このような発想を加えるならば、ここに、たとえ個体レベルでの「私」が死んでも「私の心臓」や「私の細胞」が生きている限り私はある意味で生きているという、「死んでも死なない」物語を語ることができるようになる。

このような考え方は、古くからある「擬人観」の一形態とみなすこともできるだろう。物質的存在の誤った「人格化」だという解釈ももちろん可能である。

しかし、臓器移植という場面でこのような物語が力をもっていることは、次のような例のうちに明らかである。

例えば、臓器移植の臓器提供者（＝ドナー）の家族が「移植された方（＝レシピエント）の中で私の息子が生き続けていると思うと云々」というような発言をすることはよくある。また、レシピエント側が臓器移植後「私の中にエイリアンがいるという感じから逃れられない」ということはめずらしいことではない。そもそも、臓器移植の際にレシピエントにドナーが誰であるかを知らせないという原則が一般的であることには、このような考え方からくるレシピエントの心理的動揺を防ぐという目的もあることは明らかだろう（より広くいえば臓器移植と人間のアイデンティティの関係にかかわるこの問題については、出口顕『臓器は「商品」か　移植される心』が、問題が決して文化論には解消されないことを丁寧に論じている）。

また、この身体の構成要素への「私」の投影による生の連続性の保証という「死の物語」は、臓器移植の場面でのみ語られ得るのではない。もっと一般的に、生殖という場面を通しても語られ得る。

つまり、比較的素朴に語ると、子という生命体は親の生殖細胞（が合体したもの）が分裂・増殖して発生するものである、したがって、その生殖細胞に「親（という個体）」性が残り続けると考えるならば、親は子として生き続ける、という物語が可能となる。

また、これに少し「科学的」装いを加えると、生殖において遺伝子は親から子へ受け継がれる、したがって、個体の生を可能にする遺伝子は個体の死を越えて連続性を保つ、というようなものとなる（リチャード・ドーキンスの有名な、個体は遺伝子が生存するための乗り物であるという説も、このような考え方を逆側から述べたものということができるだろう）。

第一章で紹介した、梅原猛が現在受け入れている死の物語もこのようなものである。梅原は言う。「私は今、現代科学にもとづく一種の不死を信じようとしている。それは遺伝子の不死ということである。個体の生命は死後、無に帰するかもしれない。しかし、遺伝子から人間をみるとき、個人は死んでも遺伝子は決して無に帰するものではない」。「このような遺伝子の不死は現代科学が明らかにした事実であるが、多くの宗教が説いた魂の不死なるものも、この遺伝子の不死という事実の多分に文学的な解釈であったのではなかろうか」。そして、梅原は「われわれの生命には過去と未来の二つの永遠が凝縮されているといえる」とまでいうのである。

物質の不死性

しかし、生物学＝自然科学的な生命の機能的把握を土台にし、身体の構成要素へ「私」の生命性を投影することで形成される、この生の連続性の「死の物語」は、極端化されることで奇妙な帰結に至る。

身体の構成要素ということをさらにつきつめていけば、最下位の構成要素として、もはや生物としての構造的・機能的独自性をもたない層にまで到達せざるを得ない。前述した自然科学的な立場に立つならば、いうまでもなくそれは「物質」としてのみとらえられる層である。臓器も細胞も遺伝子も、みな物質から構成されているのである。

もし、そこにまで「私」という個体レベルの生命性の投影を徹底するならば、「私が死んでも物質としては生き延びる」と語られることになる。

ここに「不死なる物質」という「死の物語」が成立する。

無論、物質とは、生命という機能がない限りでの物（もの）のあり方のことであった。したがって、その意味で、死んでいると言うことはできても、（物質が）生きているということとは本来、原理的にできないはずである。したがって、「私が死んでも物質としては生き延びる」というナマな形で語られることには抵抗があるだろう。

しかし、一方、生物もまた物質の集まりである。物質からより上位の生命機能をもつ物質の集まりが構成される可能性はつねに開かれている。

したがって、それを裏返して、「真の意味で生きているのは物質の総体としての自然であって、各々の（個体等としての）生命体とその機能はそれが分節化してとっている仮の姿である」という物語はどうであろうか。

この主張が、第一章で述べた「類的存在者」の持続への寄与に個的生の意味づけを求める伝統的な死の物語と、「私」を何ものかの内に解け込ませていくことで生き延びさせようという意味では近しいものであることは明らかであろう。

しかし、「類的存在者」もまたいつかは死すべきものである。対して、物質は通常の意味で生きてはいないのだから、通常の意味で死ぬことは決してない。物質は不死なのである。そこに、この死の物語の究極的な「魅力」がある（このような物語も「汎神論」という伝統的な形をもっているのではあるが）。

生命機能を生み出す「情報」

しかし、ここで物質からより上位の生命機能をもつ物質の集まりが構成される可能性はつねに開かれていることを認めた上で、物質そのものはあくまで生きてはいないということにこだわってみよう。

そうすれば、どのようなレベルであれ、生命機能は、そのレベルの物質の集まりにその機能を果たすようにさせる何ものかによって発現する、と言いたくなりはしないか。もし、このような語り方を認めたならば、そこからまた「死んでも死なない」という死の物語を作ることができる。

今度の場合は、「霊魂」という道具立てを用いた伝統的な死の物語に近いものであることは明らかであろう。個体レベルにおけるこの「何ものか」が、これまで「精神」、「こころ」、「霊魂」とかいう名で呼ばれてきたものである。これらは物（もの）でなく、かつ物（もの）に付け加わることで生き物を存在させる「何ものか」である。

しかし、さまざまなレベルの物質の集まりに生命機能を認めるとするならば「精神」、「こころ」、「霊魂」などという概念は使いにくい。

そこで、現代において登場するのが「情報」である。

情報とはそれが加わるものを型どって変化を生ぜしめるものである。あるものが変化すれば、それと関係している（同レベルの）別のものに影響を与える。それだけでなく、それらが構成する一段上のレベルのまとまりの結合のあり方を変え、それに含まれる一段下のレベルの要素群を組み替えさせる。情報がやり取りされ続けることで、この変化と影響は持続する。

したがって、あるものが自己保存的、自己組織的（自律的）、自己再生産的（自己複製的）に変化し続けるならば、そこでは情報がやり取りされ続けていると考えることができる。なぜなら、自己保存的変化とは、それが構成する一段上のレベルのまとまりの結合のあり方を変えることでそれの同一性を保存することであり（電気ショック療法を受けた〈＝情報を与えられた〉心臓は、心臓であることを自己保存しながら、もはや正常に機能できない個体の心臓であることから、正常に機能できる個体の心臓へと変化する）、自己組織的変化と自己再生産的変化は、それに含まれる下位レベルの要素の組み替えを伴う（環境とのやりとり〈＝情報交換〉のもとでの生物の成長・発達を考えよ）からである。

このことを逆に言えば、やり取りされ続けている情報こそが、この生命という機能を生み出しているのだ、と言うこともできるわけである。

遺伝情報——物質としての遺伝子・ＤＮＡではなく——こそが生命の本質であるという議論が、この考え方によっていることは明らかであろう。いわゆるクローン人間について、それがもとの人間と物質的には明確に区別されるにもかかわらず、もとの人間との連続性を見出してしまうのも、この生命機能を遺伝情報のはたらきに求める考え方に支えられている。

ここから、先ほどの遺伝子の不死という物語を、もっと洗練された形で語ることが可能になる。すなわち、それが生命という機能をもたせる物質的構成体をどのようなレベルで立てるにせよ、遺伝情報は、その物質的構成体の消滅に影響されることなく、永遠に存続し続けるという物語である。

しかし、現在の生物学では、遺伝情報概念が個体レベルではなく種レベルで意味をもつ概念であることも考慮すれば、遺伝情報は個体の死を越えて生き延びて種的連続性を保つというところから、「個体は死んでも種は生き延びる」という形の死の物語の方が、より「科学的」な物語というべきなのかもしれない。

生と死の入れ子としての「生物」

さて、以上のような死の物語を荒唐無稽なものと切り捨てることは簡単である。一見「科学的」な装いはしているけれど結局は伝統的な道具立ての死の物語の焼き直しだと見ることも妥当である。

しかし、ということは、自然科学的な生あるいは死の把握というものは、それはそれで、

（荒唐無稽かもしれないが）それに特有の超・自然科学的な死の物語を準備してしまうのだ、ということである。また、伝統的な死の物語は、そこに登場する道具立てはもう古くなったにせよ、筋立て自体は現在においても十分通用するという一つの証拠がここにある、ということである。

こういった視点から、現代のさまざまな、とりわけ新宗教、新・新宗教の教義で語られたり、「精神世界」と書店では分類されるような分野の書物で語られる死の物語を分析してみるのも興味深いことであろう。

しかし、ここで指摘しておきたいのは、こういった死の物語のもつ以下のような特徴である。

すなわち、物質の不死性へと導かれる物語にしても、情報あるところ生命ありという物語にしても、そこでの死は生きてきたものが迎えるものではない。このような物語で語られる死は、生から移行するものではなく、生命の欠如態である。また共に、物質（群）の階層構造を前提とした考え方である。

そうであるなら、このような物語の下での生物とは、生命と非生命＝死がいわば入れ子のようになっているものとなる。より精確に言えば、どんなレベルでも、見方次第でそこに生命を認めることも非生命＝死を認めることもできるような重層的構造を持っているものとなる。すなわち、階層的な構造を持ち、あるレベルが下位のレベルに対しては情報系として存在し、上位のレベルに対しては駆動系として存在するというものが、生物の本来的なあり方としてイメージされることになろう。

そうすると、例えば人工的な生物のイメージも、人工臓器が登場した時代の「人造人間」や「ロボット」のイメージとはずいぶん異なることになる。その当時イメージされていた、一元的な情報管理中枢がいくつかの駆動系をコントロールし、動かす――これが人間についての「精神―身体」モデルに対応することは言うまでもない――というものではなくなるだろう。人工的な生物のモデルは、例えば自然の生態系に求められることになるだろう。

かくして、生命と非生命＝死は相入れないものではないというイメージが形成されていくことになる。

そうなると生物とは、生がそこに移行していくものという意味で「死すべきもの」ではなくなる。

では、死ぬということがそれの「本質」であった「個体」はどうなるのか。あらためて、「個体」として生きているということはいかなることかということを、死ぬということと切り離して考える必要が生じるのか。現在のところ、この個体性の問題を新たに考えていく手掛かりが、臓器移植の最大の障害である「免疫」という現象にあることは衆目の一致するところであろう。免疫こそ、個体というまとまりが、各々自らと他者とを区別するシステムに他ならないし、免疫システムは個体レベルでのみ確認できるからである。

さてしかし、死が基本的に個体の出来事であることはいまだ完全には否定されていない。死が基本的に個体の出来事であることを基盤として、社会制度も生活習慣も成立している。したがって、次章以降は、再び個体としての人間の死に焦点をあてて、我々が死にかんすることをどう考えてしまうのかを検討していくことにしよう。

第三章　老いの延長としての死

死と老いの結びつき

個体としての人間の死に焦点をあてて考えていくにあたって、再び第一章で検討した「死ぬまで一生懸命に生きる」というフレーズから始めることにしよう。

第一章では、「死ぬまで一生懸命に生きる」を、人生の意味を考えるという態度で死を考えていったときにたどり着く一つの結論ととらえた。このフレーズのもう一つの意味を考えてみよう。

「死ぬまで一生懸命に生きる」は、ある意味では、死によって生を意味づけしようとすることの放棄のフレーズである、ということもできる。つまり、自らの思考の立脚点をあくまで生の内に置くことの宣言であると、とらえることもできる。

現代の我々は、何かを考えるという作業は生きている限りにおいて、できることであると考える。死のことであろうと、人生の意味であろうと、それを考えることができるのは生きているうちでしかない。生きているうちのことなら見当もつく。わかりもしない死を手掛かりに考えるより、あくまで生の内で生を考察しようとするのは自然のなりゆきである。

そこで浮かび上がるのは、死から生を考えるのではなく、生の方から死を考えるという方向である。ここに、生の側から死を見通す形の死の物語が形成されることになる。「死ぬまで一生懸命に生きる」は、いわば最もシンプルな、生の側から死を見通す形の死の物語ということができよう。

しかし、ここで重要なのは、生の側から死を見通す場合、生の単なる終わりとして死を理解するのではなく、生を一つの過程としてとらえ、それとの関係において死を理解することもできるということである。

そのような理解の一つの典型的なものとして、老いと死を結びつけるものを考えることができる。すなわち、「老いの延長としての死」というものである。

このような老いと結びつけられた死の理解は、現代日本社会においてなじみ深いものである。

例えば、現代の日本において「死」あるいは「死ぬ」という言葉が発せられる数をカウントしたら、どんなケースがいちばん多いかを考えてみよう。

自分あるいは身近な人が実際にもうすぐ死んでしまう、というような場合は、そのような状態の「期間」が相対的に短いことは別にしても、かえって死を口にすることを避けることも多いから、頻度としてはそう多くはないだろう。

（職業上あるいは立場上から死に言及する機会を別にすれば）普通の人が死を口にする最も多いケースは、おそらく、ある程度の高齢になった人の「（自分は）年をとったので（どうせ）（もうすぐ）死んじゃうから……」というものであろう。

老いと死が結びつけられて語られることは、過去にも他の地域にも見られる。しかし、乳幼児期の病死が少なくなり、ましてや口減らしなどは行なわれなくなり、若年での戦死ということもなく、事故死ということも例外的な現代日本社会、すなわち、年老いて死にいたるということが死の常態、典型となった社会においては、老いと死の結びつきは自然なものということができよう。

活動力の漸次的減少と決定的消滅

しかし、現代日本社会における老いと死の結びつきには、単に年とって死ぬのがあたりまえになったということ以外の理由もあるように思われる。

それは、第一章では価値生産主義と呼んだ「人生観」の存在である。つまり、ある人間の価値はその人間が行なった活動によって生み出されたものによって決まる、という考え方である。

現代日本においては、確かに価値観は多様化している。どのような種類のものごとに価値を見出すかという意味ならば、さまざまな立場が割拠している。しかし、どのような種類のものごとに価値を見出すにせよ、それは人間によって作り出されねばならない、人間がそれを作り出す活動をしなければはじまらない、と考える点では、それらは共通しているとはいえないか。

つまり、現代の我々は、結局のところ、活動的な人間を評価する。何を活動の結果として生み出すかは人それぞれである。結果として生み出されるものにある程度多少があるのは仕方がない。しかし、何もしない、何もしようとしない人間はやはり問題がある。それなりに活動して、何かを生み出してこそ、人間としての価値がある。だから「死ぬまで一生懸命に生きる」べきなのだ。

このような「活動中心主義」は、活動が個人の資質に還元されるといわゆる「能力主義」となり、活動が生み出す価値を誰にもわかる「客観的」なものに限定すれば「業績主義」となる。どちらにしても選別・順位づけへと結びつき、企業や大学のリストラの基本原理にもなっている(どんな現われ方をするにせよ、いったんその立場に立つとある種の強迫性を帯びていくのが現代日本の活動中心主義の特徴ということもできるかもしれない）。

この活動中心主義から考えるならば、老いとは人間の活動力の漸次的減少に他ならない。それはネガティブにとらえられざるをえない。

本来、老いはさまざまなとらえかたができるものである。肯定的なイメージ、例えば「老賢人」のイメージも世界中に広く分布する。しかし、活動中心主義に立つならば、「老賢人」も「若い者にはできない活動をすることができる例外的に活動的な老人」ということになってしまう。

そして、死とは人間の活動力の決定的な消滅に他ならない。

かくして、死とは老いの行き着く果てであり、老いとは一歩一歩死に近づいていく衰退、もっと言えば緩慢な死である、という結びつきが生じることになる。

このような活動中心主義は、第二章で述べた機能主義的生命観とも親和性がある。なぜなら、生命という機能は人間の活動の一つと言うこともできるし、逆に生命機能のなかには我々が通常人間の活動と呼んでいるところのものが含まれるということもできるからである。

老いと死についての、「私もだんだんガタがきた、もうすぐ動かなくなるだろう」というような作動する機械のメタファー、「ろうそくの火が消えるように死ぬ」というような燃焼を典型とする化学変化のメタファーなども、活動中心主義と機能主義的生命観の結合の一形態と考えることもできる。

敗北と引退

ところで、活動ということを表現するメタファーとしていまだに力を持っているのが戦いのメタファーである。

「企業戦士」とか「二十四時間戦えますか」というような表現を単純に肯定的に用いることはさすがに過去のこととなってしまったが、現在でも意味は通じる。これらが肯定的に使われなくなった理由を、「もう戦うことに疲れてしまったから」という戦いのメタファーで述べることは可能である。

振り返ってみれば、私（一九五六年生）の子ども時代から現在に至るまで、子ども向けアニメーション（「ウルトラマン」シリーズ・「～戦隊」シリーズなどの実写物も含め）や雑誌の漫画は戦いの物語に満ち満ちている。テレビゲームの人気ソフトも戦士のロール・プレイを行なうものが多数を占めている。そこから子どもたちは、生きるということのモデルの一部を得てきた。これを単純に男の子向けということはできない。それへの参加の仕方（補助役として）をメタ・テキストとして示されながら、女の子も戦いの物語のなかに取り込まれてきた。「セーラームーン」以降は女の子も戦う主役となった。学校も会社も戦う場所であるし、スポーツという領域が戦いのメタファーに満ち満ちていることは言うまでもない。

人生の活動を戦いのメタファーでとらえた場合、老いるということは戦う能力が減退していくことに他ならない。

老いは戦線の縮小を余儀なくさせる。それは後退戦であり、実は部分的敗北である。そしてついに喫する決定的敗北が死ということになる。

おそらく戦いのメタファーにもっともなじんだであろう世代の三浦朱門（一九二六年生）は「死とは戦いの果てに我々が手にする敗北」であるが「負けると決まった戦いを勇敢に戦う栄光」というものもありうる、と生の側から死を意味づけている（『老いの様式』所収「老人になること」）。

一方、活動ということが社会的な役割の遂行としてとらえられると、老いと死は、役割を与えてくれる社会的関係からの漸次的あるいは決定的な離脱としてとらえられる。死は最終的な「引退」ととらえられる。「人生の舞台から静かに去る」というようなフレーズはその典型である。

これが裏返されると、老いて一定の社会的役割から引退することを「死」としてとらえる感受性が形成される。定年退職後の男性の在りようを示す表現として、「粗大ゴミ」が苦笑とともに受け入れられたのに対し、「産業廃棄物」（上野千鶴子の表現だったと思うが）が反発を受けたことがあった。それにはより強く死のイメージを呼び覚まさせるニュアンスがあったからではないか。

老いの被保護性

しかし、活動中心主義との関係で老いについてなされる性格づけには、もう一つ見逃せないものがある。それは被保護性ということ、すなわち、老いて「衰退」した者は「保護」されてのみ生きることができる、というとらえ方である。

この老いの「被保護性」に着目した場合、そこから見通された死はどのようにとらえられるであろうか。

「保護」されて生きることを否定的にとらえるならば、はやく「被保護」状態から抜け出すことはよいことであることになる。これもまたよく聞くフレーズである「誰にも迷惑がかからないように、ぽっくり死にたい」とは、このような判断からの死の迎え方の選択といってもいい。

しかし、「ぽっくり死にたい」と言うのは、多くは保護なしに元気に活動している者である。このフレーズの力点は、死ぬ方にあるのではなく、自分は被保護状態の「負い目」を持ちたくない、というところにある。聞く方も、笑って聞き流しておけばよい。

しかし、老衰や病気のために介護なしには生活できなくなった老人が口にする「もう迷惑はかけないで、早く死にたい」の場合は話が複雑である。

このように言うのは、コミュニケーションを求めてのことであろう。「早く死にたい」は本心の場合もそうでない場合もあるだろう。しかしそれは重要なことではない。聞き手にとってこのように言う老人の死が一〇〇パーセント肯定できるものでない以上、「そんなこと言わないで」と応じる（あるいはその意味を込めた表情をみせる）ほかはない。それは同時に、とにかく面倒はみますよ、という意味を帯びる。そして、それは、たとえもう介護はうんざりだと思っていたとしても、でも私はやはりこの関係の中に身を置くのだという自己確認でもある。つまり、表面上の言葉の意味よりも一段深いところで、このような言葉をやりとりすること自体が両者の置かれている状況を確認させる。

そして、このやりとりには、現代社会の健常者として活動中心主義を生きざるをえない介護者側が、その活動中心主義を離脱するモメントが含まれている。つまり、誰もが正面きって肯定的に語ることのできない死を否定することを媒介にして、保護されて生きることを否定的にとらえる活動中心主義という、こちらは自分の方からは正面きって否定しにくい規範を相対化する。

このようなやり取りの中では、活動力の決定的消滅としての死の存在は、人間の活動というものの限界を知らしめるだけでなく、かえって活動中心主義の限界をも浮かび上がらせているのだ、ということもできるかも知れない。

しかし、もちろん、保護されて生きることそのものを肯定的にとらえることも可能である。保護される、あるいは保護されうることの安心観が肯定的にとらえられると、死についても、死とは大きなものに保護され、つつまれて安心することだ、という把握が生じることもあり得る。

「先祖の眠る墓に入る」、「大地に帰る」といった死の表現は、第一章で述べたような類的存在者との同一化による、「死んでも死なない」型の死の物語という側面ももつ。しかし、そこには、先祖や大地という何か自分より大きなものにつつまれる、抱かれるというニュアンスが明らかにある。遺骨を海や山に撒くいわゆる自然葬についても、この視点から理解することができるだろう。

老いと死の必然性と「あきらめ」死観

さて、老いと死に共通になされる特徴付けとしては、共に生命あるものにとって必然的なことがらである、ということがある。再び三浦朱門（前掲書）の言い方を借りれば「老いて、やがて死んで行くという生命の大原則」というわけである。

これを媒介にしても、生＝老いの側からする死へのアプローチの一つのスタイルが成立する。

すなわち、日々進行していく老いの必然性を受け入れることによって、必然的な死の受け入れの練習をする、というアプローチである。先ほどの活動力の話と一緒にするならば、老いという、日々その必然性を実感する活動力の漸次的減少＝緩慢な死を手本にして、活動力の消滅としての死の必然性を悟る。

「老いを見つめる」という言い方には、明らかに「死を見つめる」というニュアンスがある。死を正面から「見つめる」ことはなかなかに困難であるが、老いの中に現われている「小さな死」ならば視野の片隅に入れることができる。それを積み重ねることで、死が正面から迫ってきてもたじろがないようになっておこう、というわけである。

では、その成果はどういう形で現われるか。それはいわゆる「あきらめ」死観である。

ここで確認しておきたいのは、必然性ということの意味である。

「必然性」という言葉は辞書的には「偶然性」と対になる言葉である。しかし、通常我々が何ごとかが必然的であると言うとき、我々はそれを偶然性と対比される意味で用いていることは少ない。そうではなくて、その何ごとかが避けることができない、自分の力ではどうしようもない、という意味で用いることが普通である。必然的な事柄というのは、いわば向こうからやって来る事柄なのである。

死とは「お迎え」が来ることである。つまり、老いも死も向こうからやって来るものであり、それがいつ、どのような在りようでやって来るのかを自分で決めることはできない。その意味で、ここに言う老いと死は必然的である。

そうであるならば、自分でどうにかできるのは受けとめ方だけである。

しかし、受けとめ方は自分でどうにかできるといっても、死が、その自分の解釈を越えて、それを無効にするような形でやって来る可能性は否定できない。死とはこういうものだ、とあらかじめ受けとめ方を準備しておくことはできない。

だが、自分であらかじめ準備できる、無効になることのない受けとめ方がないわけではない。それは、どのような形でいつ死がやってきてもそれをそのまま受け入れる、という受けとめ方である。つまり、死を自分なりに解釈することを「あきらめる」わけである。

日々の老いという「小さな死」を次々と抵抗せずに受け入れるうちに、この「あきらめ」の心境に至っておく。これがおそらく、現代日本人のもっとも典型的な死の受け入れ方であるように私には思える（注意しておけば、ここでの「心境」とは心の状態のことではない。それは心の「技法」である）。

解放としての死と惚け

さてしかし、生の側から死を見通して死をポジティヴなものととらえる考え方といえば、「解放としての死」という考え方であろう。要するにこれは、人生は苦しい、つらいことばかりだ、死ねばそれから解放される、ということである。「死とは人生という牢獄からの解放である」。これは、確かに非常にわかりやすい考え方ではある。

しかし、それならば我々はなぜもっと多くあるいは早く自殺しないのか、という素朴な疑問もわく。

もちろん、実は人生はそれなりに楽しいからだ、ということも一つの答にはなる。しかし、そう考えると、今度は死ぬことはただただ厭なことになってしまう。永遠の生だけがめざすべきものになってしまう。それは第一章の死の物語に戻る。

解放としての死というのは、生の終わりとしての死に、生からのいわば「垂直」の離脱でもいうべきことをオーバーラップさせたものと考えるべきなのであろう。

仏教においては、もともとは「炎が吹き消された状態」を意味する「涅槃《ねはん》」が、生の終わりだけでなく、生・老・病・死という四苦からの「解脱」をも意味するようになったとき、解放としての死という死の物語が成立したと考えることができるだろう。このような死の物語は現代の我々も十分理解できる。

現代においては、解放としての死という物語の代表的な形態は、人間は生きている限り自我のこだわりに縛られて緊張、不安を持ち続けることになるが、死ぬことでそこから解放されるという形で示される。例えば、フロイトの言う「死の本能」は、生物のもつ緊張状態を解消しようとする傾向である。この場合の自我のこだわりの消滅も、第一義的には生という平面からの垂直的離脱のことを意味しているということができるだろう。

この「生の終わりとしての死」と「生からの垂直の離脱」とのオーバーラップとしての「解放としての死」を、現代の我々が理解し、何がしかの納得をするとしたら、その手がかりとなっているのは、やはり老いである。

惚けが両者をつなぐ。すなわち、老いとは惚けることにほかならない。しかも、惚けた老人には独自の世界があるということも否定できない。古来、その世界は何がしか「聖」なるものとされてきた。少なくとも、我々の通常の世界とは平面を異にする。そして一方、老いとは死への漸次的接近である。

ならば、死とは惚けきることではないか。惚けきって生の世界とは平面を異にする世界へ離脱することではないか。

こう考えると、よく語られる「惚けて死にたい」という願望が、単純に、惚ければ死の恐怖がわからなくなるから、というものではないことが見えてくる。「惚けて死にたい」と言うとき、現代の我々は、老いと死を通して、活動中心主義が支配するこの世界とは別の世界へ行くことができるという展望を、ほんの少しにせよ持っているのであろう。

そして、その世界は幽明の境が定かならざる世界なのである。

第四章　逝く人への関わり

「死ぬ場所」としての病院

人はどこかで死ぬ。どのような場所で死ぬかということは、その人の死のあり方にとってきわめて重要な事柄である。それは、逝く人にとっても、残される人たちにとっても同じように、大きな意味をもつ。

通常、ある人が逝こうとしている場所にはさまざまな人たちが生きている。ある人が逝こうとするときにも、他の人たちは生き続ける。突然の事故や災害などによる瞬時の死を別にすれば、逝く人と生き続ける人たちの間にはさまざまな関わりが生じる。この関わりは、逝く人にとっても生き続ける人たちにとっても、死の意味を大きく左右する。

では現代の日本社会において人はどこで死ぬのか。

厚生省（現厚生労働省）が毎年行なっている「人口動態調査」には「死亡の場所別に見た

年次別死亡数百分率」の統計が含まれている。インターネットの厚生労働省ホームページから開ける「厚生労働省統計表データベース」(http://wwwdbtk.mhlw.go.jp/toukei/)で一九五一年度から九九年度までの数値を知ることができる。この統計は、死亡の場所を「施設内」と「施設外」に二分する。「施設内」には病院、診療所、助産所が含まれ、八九年度から老人保健施設、九五年度から老人ホームが加わる。「施設外」は自宅とその他であり、九四年度までは老人ホームもこちらに含まれている(ただし項目としては立っていない)。

細かく見ると、「助産所」がほとんど零パーセントであること(つまり出生直後の死亡がきわめて少ないこと)、「老人ホーム」が「施設内」に移されて(医療施設としての性格を強めたことによるのだろう)から一・五〜一・七パーセントであること(これを多いとみるか少ないとみるか)、「その他」が七〇年代まで五〜七パーセント台なのが八〇年代から減って三パーセントを切るに至っていること(救急医療が進展したことによるのか)等、興味深い点があるが、病院と診療所(以降、病院と総称する)および自宅を合わせれば九五パーセントであることは変わりない。大きな変化は、病院と自宅の割合の変化である。

それは、おおよそ次のように変化してきた。五一年度の時点で自宅で死亡する人は八〇パーセントを超えていたが、その後一貫して減少し、七四年度に五〇パーセントを割る。そして、八〇年度には三八・〇パーセント、八五年度には二八・三パーセント、九〇年度には二一・七パーセントと減少を続け、九九年度にはわずか一五・〇パーセントとなっている。対して、一九五〇年代までは病院で死亡する人の割合は一〇〜二〇パーセントであったが、その後、特に一九六〇年代から増加し、七七年度に五〇・六パーセントとなる。そして、八〇年度には五七・〇パーセント、八五年度には六七・三パーセント、九〇年度には七五・一パーセントと増加を続け、九九年度には八二・二パーセントとなっている。

つまり、ここ五十年の間に、死ぬ場所としての病院と自宅の位置が全く逆転し、日本社会に住む人間の死ぬ場所の中心は病院となったのである。

病院への不満

このように病院で死ぬ人間の割合が急上昇したことにともなって、八〇年代以降、「死ぬ場所」としての病院への不満が語られるようになった。

多くの人が、死ぬ場所としての病院に不満をもつのはある意味で当然である。というのは、そもそも、病院は「死ぬための場所」ではないからである。病院とは、本来、医療機関であり、診断し、治療して、病気を治す、あるいは延命する、つまり生を延長するという目的のための組織であり、その施設・設備・装置のほとんどはこのような目的のためにある。死のための施設は死体安置所ぐらいしかない。

しかし、死ぬ場所としての病院への不満として語られることは、いま述べたような、そもそもの病院の設立の目的といったことや、そこにある施設・設備・装置等々についてではない。

その不満の中心は、病院での医者や看護婦や検査技師などの患者の取り扱い方（この言い方自体が、医療関係者側からの、しかも患者を物的対象とみなしているようなニュアンスのある言い方であるが）についてである。

要するに人間扱いされていないということである。もう助からないことがはっきりしている患者に苦痛を伴う治療（どころか検査まで）を行なって無理な延命をはかる、病状や治療について患者に説明しないどころか患者が聞くタイミングすらない、というような点から、同室の患者に気兼ねして見舞いの人と話したいことも話せないとか、夕食の時間が早すぎるというような点まで、一般社会においては当然認められたり配慮されたりする（ことになっている）ことがらが、逆に当然のように無視されるということである。

そこから「生還」する患者であれば、このようなことも「病院にいる間だけだ」と我慢もしよう。しかし、そこで死ぬ、つまり一般社会に戻らない患者に「何とかならないだろうか」という思いが生じることは、不思議なことではない。

とりわけ、多くの病院においては、情報も物事の決定権も医者が握っている。そのために、

がん患者介護経験の有無別にみた末期医療、看護対策に対する要望

(単位：%)

がん患者介護経験の有無	自分の場合						家族の場合					
	総数	家庭	病院	末期患者の専門病院	その他	特にない	総数	家庭	病院	末期患者の専門病院	その他	特にない
総　　数	100.0	53.3	28.1	11.1	2.8	4.8	100.0	52.1	32.3	10.1	1.8	3.7
がん患者介護経験あり	100.0	45.7	35.1	14.7	1.9	2.6	100.0	41.5	42.1	13.2	1.1	2.1
がん患者介護経験なし	100.0	53.7	27.7	10.9	2.8	4.9	100.0	52.7	31.7	9.9	1.9	3.8

資料：厚生省「保健福祉動向調査」(平成２年度)

死に逝く本人はむろん、家族・友人など、医者（たまたまその病院に入院したことで関係したにすぎない）よりも本人と密な関係を持つ人たちが疎んじられてしまう。死へのプロセスが、それを死んでゆく本人にとって、よそよそしいものとして現われ、自分の方がそれに合わさねばならない状態におかれるということさえ起きかねない。

病院で死ぬ人が増えるにつれて、このような病院での死の在りように接する人も増え、その人たちは「自分はあのような死に方はしたくない」と思うようになり、それが社会的に発言されるようになった、というのが八〇年代の動向と言うことができよう。医療関係者にもその不満を受けとめる人が多数現われた。映画化もされ、このような動向の象徴的な書物と言い得る山崎章郎のベストセラー『病院で死ぬということ』は九〇年に出版された。

このような流れの中で、医療のあり方を特集テーマとした平成七（一九九五）年版の『厚生白書』に、「自分や家族が『がん』などで末期状態になったとき、最期の場所をどこで過ごしたいか、過ごさせたいかの希望」について、前頁のような表が示されている。調査自体は、病院での死が常態になることが動かし難くなった時期である一九九〇年度に行なわれたものである。「がん患者介護経験」の有無による違いが生じる理由については、この章の後ほどで考察することになるが、ひとまず、ここで確認しておきたいのは、病院での死が常態となったこの時期において、「自分の場合」も「家族の場合」も、最期の時を「家庭」で過ごしたいとしている者が半数を超えているということである。

ターミナルケア―「生への生」と「死への生」―

もちろん、「死ぬ場所」としての病院への不満に対して医療関係者が全く対応してこなかったというわけではない。以前から、個々の医師や看護婦が個人的に、機会あるごとに適切なふるまいを行なうことで対応してきたわけである。

例えば、延命処置より痛みを和らげる処置を優先する、夜中のベッドサイドで眠れない患者の悩みを十分に聞く、末期患者に対しては家族の面会を自由にするなど。つまり、ちょっと皮肉な言い方をすれば、個々の医療関係者の、病院の本来の目的からはずれる「人間的な心遣い」によって、病院は「死ぬ場所」としての地位を維持してきた、とも言えるわけである。

しかし、終末期医療、ターミナルケア、ホスピス（これは必ずしも施設のみをさす言葉ではない）などといくつかの呼び方をされる営みが、医療関係者を中心に、しかし医療関係者以外の人々も参加する形で、日本でも八〇年代から意図的、組織的に行なわれるようになった（以下、ターミナルケアと総称する）。先ほどの九〇年度の調査でも、「末期患者の専門病院」という項目が立てられ、そこを最期の場所にしたいという人が既に一〇パーセントを超えている。

では、ターミナルケアの営みとはどのようなものなのか。逝く人との関わりということについて、ターミナルケアを支える考え方について語られていること（例えば池見酉次郎・永田勝太郎編『日本のターミナルケア』等）を検討してみよう。

ターミナルケアの営みの基本姿勢は以下の三つの点にあると考えることができる。

第一に、死に逝く人もまた人間として生きていることを再確認すること。第二に、しかし一方、彼らは（通常の意味で）生き続ける人と違う立場であることを認めること。第三には、人間であることを保証することの中心を「人間関係」に置き、死に逝く人の周辺によりよき関係を築こうというものであること。

第一の点と第二の点について付け加えておこう。

死ぬ場所としての病院のあり方、広くは医療のあり方一般の「非人間性」への批判をふまえてターミナルケアが称揚される時には、第一の点、すなわち「死に逝く人もまた人間であること」が強調され、死を迎えるその時まで「病院の外」で生きていた時と同じような生活を送ることの重要性が説かれることが多い。

しかし、ここで重要なのは、ターミナルケアが「死に逝く人」への関わりである以上、それは第二の点を認めるところから出発せざるを得ない、ということである。つまり、ターミナルケアは、そのケアの対象の生が「死への生」であると確認するところから開始されるのである。

ターミナルケアのこのような性格は、二つの意味をもつ。それは、一方で、治癒あるいは病状の改善によって（その先も続いていく）生存の見込みがある限りは通常の医療を行なうということ、つまり「生への生」が可能である限り、それは「死への生」に優先するということを意味する。しかし、他方、期間が限られた生存の見込みしかなくなったならば、その人はもはや別の接し方をするべき人間になったことを認めるということである。

ターミナルケアは、「生への生」と「死への生」は異なったものだということを認めたところから始まるのである。そうであるからこそ、ターミナルケアすなわち「死への生」を生きている人への関わりにおいては、「生への生」を生きている人への関わりと異なる仕方が強調されるのである。

すなわち、ターミナルケアとは「死への生」をよりよいものにしていこうとする営みに他ならないのである。

関わりの多様性

しかし、ここで問題にしたいのは、このターミナルケア的関わりの、「生への生」の立場から見た場合の意義である。ターミナルケアやホスピスについての昨今の高い関心、そして肯定的な受け止め方は、自らが「死への生」を生きている人からだけでなく、通常の「生への生」を生きている人からのものと考えられるからである。

「生への生」の立場から見たターミナルケア的関わりには、ひとまず、二種類のものがあるといえるだろう。つまり、ターミナルケア的関わりのうち、あるものは「生への生」への関わりとしては採用できないものであり、あるものは「生への生」への関わりにおいても本当なら採用したいものである、という二種類である。

まず、「生への生」への関わりにおいても採用したい関わり方を考えてみよう。

ターミナルケアについて、それは、キュア cure すなわち治療であるよりも、ケア care すなわち「細かい点にまで心を配って相手本位に総合的に世話をすること」(と訳すこともできるだろう）であるべきだということがよく強調される。ターミナルケアと言われるゆえんである。

これは「生への生」においても採用したい関わり方である。キュアにケアが加わった関わりこそ、我々がすべての医療に期待するものである。

その例として、ターミナルケアにおけるチームによるケアの重視ということを挙げることができるだろう。医師、看護婦、技師等の医療関係者だけでなく、カウンセラーや宗教家、食事や身の回りの世話をする人などが、チームを組んでケアをするということである。

すなわち、生き続ける人であろうと死に逝く人であろうと、ある人間が周囲の世界に対して関わっていこうとする仕方、対象、内容は単純なものではない。それに応じて、この「関わり」に関わる「人間関係」もまた単純なものではあり得ない。それを一人の人間が担うことはとてもできない。できないというより一人の人間が担うことは不自然である。提供できる「関係」のバリエーションを確保するために、異なった関わり方をする複数の人間がケアに加わることは、自然なことと言うべきであろう。

しかし、チームということは実はそれ以上のことであろう。つまり、ある人間の関わりは多様なものであるが、しかしそこにはその人の個性というものがある。ある人間が形成する「人間関係」のあり方にこそ、その人の個性がある。その「個性」、つまりその人らしい「人間関係」群の作り方とそれの統合の仕方を確保するために、関係を提供する側もチームとして多様性と統合性をもつ必要がある。

また、チームによるケアが強調されるのは、一つにはケアする側の人間のバーン・アウト（燃え尽き〈症候群〉）を避けるためという理由もある。それを避けるために負担を分散しようというわけである。しかし、単なる役割の分担では、結局その役割において一人で仕事をしょい込んでバーン・アウトすることになるだろう。

その意味では、時に指摘されるようにチームにボランティアのメンバーが加わることは望ましいことであろう。適度な割合のボランティアが加わることで、しかもそれが入れ替わることで、チームのまとまりを保ちつつ、チームが提供できる「関係」のバリエーションを確保することができるからである。また、ケアする側の人間についても、「関係」のバリエーションを確保してバーン・アウトを防ぐためには、ボランティアの参加は有効だろう（ただし、ボランティアにあまりに頼ることは責任の所在を曖昧にする、単なる経費節減のためにボランティアが称揚されることがある、という指摘も忘れてはならないが）。

未来と将来、自我の強さ

では、ターミナルケアにおける重要なポイントとして常に取り上げられる、肉体的・精神的苦痛の緩和という点はどうだろう。

それが治療効果を妨げない、無関係というのであれば、問題なく通常の医療にも取り入れるべきことである。

しかし、このことがターミナルケアにおいて強調されるのは、たとえ治療効果の妨げになったとしても患者に苦痛を与える検査や処置は止めよう、という形でである。これを、「生への生」を生きる患者として考えた場合、あるいはそのような患者への関わり方として考えた場合、我々はどう判断するだろうか。

我々は、このような原則は受け入れないのではないか。「生への生」においては、たとえ苦痛を伴っても、それによって病気が治るのならば検査や治療はうけるべきものと我々は判断するのではないか。時には、苦痛に耐えて治療を受けることが賞賛されることすらある。

ここに我々の「生への生」と「死への生」の区別の要点が現われている。

第一には、「未来」の有無である。

「生への生」はこれからずっと続いていくものである。まさに未だ来ていない生が前提されている。検査や治療がその未来の可能性を広げるために役立つならば、今の苦痛は我慢しようではないか、あるいは我慢するべきである、と我々は考える。

対して、「死への生」には未来はない。あえて言えば「将来」が少しあるだけである。残されている生は、死ともども将《まさ》に来《きた》るべきものである。検査や治療がそれを未来に転換する可能性がない——そのことの確認からターミナルケアがはじまる——以上、優先すべきは今の苦痛の排除である。苦痛は今のその人のあり方を変えてしまうこともあるのだから。

また、このような考え方は、ターミナルケアにおいてのみ、今・ここの状態の改善にベストを尽くすケアが強調されることにも現われていると言えるだろう。

第二には、「自我の強さ」とでもいうべきものの要求の強弱である。苦痛に耐えることは「強い」ことである。この強さは、未来のことを自ら計画し、実現していく強さと同質のものである。我々は、この強さを持つものを「自我」と呼び、それは自分の生を自己で決定し、自己を実現していくものであると語る。未来の可能性のうちへ目的を設定して生きていく人間にはそのような「自我の強さ」が必要であり、それこそが「人間であること」の証である、と我々は考えがちである。

しかし、「死への生」においては、この「強さ」が死には抵抗できないことが明らさまになっている。そこでは「自我の強さ」を維持しようとすることは「強がり」でしかない。それならば、それにこだわることは止めようではないか。

このような考え方は、ターミナルケアにおいては「インフォームド・コンセント」は絶対ではないと言われることにも現われている。インフォームド・コンセントとは、本来は、患者が医療処置の仕方を自分で決定するための方策であり、それは、自分のことは自分で決定し、自己を実現していく「自我の強さ」的人間観を患者に求めるものであろうから（ただし、インフォームド・コンセントということを、医療的処置を行なう場合、その点に関してより知識を有する医療関係者側が当の本人にそれを十分に説明し、当の本人が同意・納得することが必要だ、というところまでに留めれば、それはターミナルケアと矛盾するものではなく、かえってそれを推進するものとなる）。

生のあらたなイメージ

しかし、ターミナルケア、ホスピスといったものが注目を集め、今まさに「生への生」を生きている人にも関心をもたれるようになった理由は、単に、「生への生」と「死への生」が区別され、後者には前者とは異なる関わり方が必要であり、可能であることが示されたということにはないと思われる。

そうではなくて、この区別を越えて、ターミナルケアという「死への生」のあり方をより良くするための死に逝く人への関わり方が、「生への生」に対しても通用するのではないか、同じように必要なのではないか、という受けとめ方にこそ、その理由が求められる。

すなわち、先ほどの「生への生」と「死への生」の区別において、「死への生」の側にひとまず分類される事柄が、かえって「生への生」にとって有効なのではないか、という考え方を人々はするようになってきたのである。

言い方をかえれば、「生への生」と「死への生」の違いの考察を通じて、「生への生」についても、これまでとは違うとらえ方が浮かび上がって来たのである。

例えば、未来の可能性を広げるために今のあり方を我慢するということは、「生への生」においても今の可能性を限定することに他ならないのではないか。今には今にしか開かれない可能性があるのではないか。

また、「生への生」においても、「自我の強さ」に過剰にこだわることは「強がり」でしかないのではないか。それは、他者からの関わりに開かれ、そこから何かを受け取るという可能性を閉ざすことになってしまうのではないか。

「生への生」においても、人と人の関わりというのは、必ずしも積極的に何かを為すこととは限らないのではないか。ただ互いに間近に存在していることそのものがもつ「関係」性が重要な意味をもっているのではないか。ターミナルケアでは何かを「する」ケアよりも患者のそばに「いる」ケアを重視するということもよく言われる。これを、(「生への生」を生きている)ケアする側においても、「自我の強さ」的人間観を絶対視しないこのような考え方が必要なことが言われているととらえることができるだろう。

このような受けとめ方をされることによって、いわば「死への生」が「生への生」のモデルになったわけである。ターミナルケアの探究は、現代の「生への生」のあり方を批判する力ももっているのである。ターミナルケアの探究を通して、生のあり方全体についてのあらたなイメージが提供されたということもできよう。

しかし、ここで注意すべきなのは、このような考え方は、『存在と時間』のハイデガーを引きながら語られる、人間は死へとかかわる存在であり、それを自覚することが人間が「本来的に」実存することの可能性である、というような考え方とは、決定的に異なるということである。

このような考え方は、「死への生」を生きる決意が、自分を他者との共存在において「頽《たい》落《らく》」している日常的生活から引き離すと考えるものである。それは、人間の生は本来すべて「死への生」であるとし、そこにも「未来」への「投企」や「自我の強さ」(ハイデガーはこんな言い方は絶対にしないが)を求めていこうとする考え方である。

ターミナルケアの探究から見出された生のあらたなイメージは、「死への生」についても具体的な人と人の関わりの中にあることを肯定する。そこに、逆に、「未来」への「投企」や「自我の強さ」の限界を見出し、その限界を「生への生」を生きる日常的生活においても認める。

単なる瞬間的時点ではない、人がまさに生きている「今」と「弱さ」と「関わり」を肯定するこの生のイメージは、新しい、死を経由した生の物語を語り出しているのである。

家で死なない、死なせない理由

しかし、考えてみれば、ターミナルケアは何も病院で行なわれる必然性はない。とりわけ、「死に逝く人」がそれまで持っていた社会との関係、その人なりの人間関係との連続性の確保を考えるならば、かえって、住み慣れた「家」で行なわれる方が自然であるとも言える。

実際、ターミナルケアの推進者の間では、地域の開業医・病院の協力による十分な医療的処置とホームヘルプ、デイサービス等による心身両面での介護協力を伴い、行政施策や地域共同体のバックアップが存在する形での在宅ケアこそが、ターミナルケアの在るべき姿である、というのは有力な意見である。「介護の社会化」ということが、二〇〇〇年四月からサービス提供が始まった公的介護保険制度の肯定的側面として語られるときも、末期の介護に限定されないとはいえ、同じ方向がめざされているということができよう。

また、これまでの家での死において、ターミナルケアがめざしているような「死への生」が実現していた場合もなかったわけではないだろう。その社会的追憶の上に、家で死にたいという思いが形成されることもあるだろう（ただし、追憶は常に美化を伴うことを忘れてはならない)。

しかし、ここで考えてみたいのは、そうであるならば、死を迎える場所として本来「家」の方が適当であるはずなのに、また多くの人が実際に「家」で死にたいと思っているのに、さらには多くの病院がいまだ十分なターミナルケアを行なっているとは言い難いのに、なぜ現在、なお多くの人は病院で死ぬことになるのか、ということである。その理由はどこにあるのだろうか。

もちろん、まず考えられるのは、実際的理由である。

第一に、吉田みちおの的確な整理（本書の原稿への私的コメントによる）を参考にすれば、現実としては、特に高齢者の場合、多くの病院死は「結果としての病院死」である。ある日突然の発作やけがで入院、高齢のため家族のイメージ以上にけっこう厳しい状態が続き、一時帰宅や退院のきっかけを見出せないままに、やがて重篤状態から死に至る、というパターンが典型的なのであろう。そこには、本人も周囲の人々も抱く「まだ助かるかもしれない」という一縷の望みも存在する。その思いが強ければ、ゼロでない助かる可能性を現実化してくれるのは医療であり、病院である以上、やはり入院の継続を選択することになる。どこかで、無理に見えても帰宅を試してみるポイントがあるにしても、「初体験」なので見過ごしてしまい、後から「ああすればよかった、こうできたかもしれない」と思うことになる。

第二の実際的理由は、端的に言えば、家族をはじめとする周囲の人々にとっては家で看取ることの「大変さ」であり、逝く本人にすれば、それがわかるがゆえの「面倒をかけるのはいやだ」という思いであろう。無論ここで、「人がもうすぐ死んでいこうとしているのに大変だとは何事だ」、「最期の時ぐらい面倒をかけたっていいじゃないか」と、このような思いを道徳的に批判しても意味がないことはいうまでもない。

家で最期を看取ることは、何より時間と気力・体力とお金を消費する面倒で困難な作業を続けていくことなのだ。まして、それが家族の特定の人間に任されることになれば、その人の負担は普通の人間であればすぐに限界を越えることになるだろう。そして、それは、いつまで続くのかがわからない。春山満（『介護保険　何がどう変わるか』）は「底なし沼の恐怖」という言い方をしている。

この実際的理由はいくら強調してもし過ぎるということはない。ターミナルケアの推進者たちは、こういった「大変さ」を知るからこそ、在宅ターミナルケアを語るときに先ほど述べたような条件整備を強調するのであろう。

生きる場所としての家

しかし、ここでさらに「大変さ」の別の側面も考えておきたい。

先ほど病院について、それは本来、延命する、生を延長するという目的のための組織であり、そもそも「死ぬための場所」ではないということを言った。

しかし、そう言うならば、「家」もまた本来、通常の生を延長するための場所であり、組織である。それは、死にそうな者を生かす、すなわち医療の場所でもなく、「死ぬための場所」でもないのである。死に逝く者に対しては、生き続けるものとは異なった応対がなされるべきであり、異なった人間関係が作られるべきであるとしても、家はそのための準備のない、違う方向を向いている場所なのである。

そこでは、ある人間が死のうとしているときも、他の人間は生き続けようとしている。確かに、病院もまたそのような場所ではある。しかし、家というのは、はるかに濃密な人間関係の場である。ごく少数の限られたメンバーが二十四時間、生活のあらゆることについて関わり合っている場である。現在では、生き続けるもの同士でも葛藤に耐えきれなくなり、濃密な家族関係を求めなくなっている。

そのような家においては、死に逝く者と生き続ける者との間の葛藤、「死への生」と「生への生」との葛藤を処理するのはむずかしい。死に逝く者にも「まだ助かるかもしれない」という一縷の望みが存在するなら、死に逝く者自身のなかにも「死への生」と「生への生」との葛藤が形成される。本人も家族もともに、自分も相手もこの葛藤の中にあることを感じとるだろう。一挙手一投足に意味を探り、お互いの心のうちを推し量りあうことになるかもしれない。

また、このような家、家族にとって、そのメンバーの死は、それまで形成されてきた人間関係の全面的転換ということでもある。逝こうとする者が家にいるということは、その全面的転換が間近いことに他ならない。誰にとっても、自分をとりまく人間関係の全面的転換は受け止めることのきわめて難しい出来事である。誰もそんなことが起きる可能性は認めたくない。

実際に死が到来することは否認しきれないとしても、濃密な人間関係の場としての家においては、この全面的転換をうまく成し遂げることが難しい。それは往々にして残された家族の各々に深刻な影響を与える（無論、だからこそ、あるメンバーが死ぬことで、その家族が抱えていた、死んだ人間とは直接には関係のない問題が露呈する、あるいは瓦解するというようなこともあり得る）。先ほど述べた家族にとっての「まだ助かるかもしれない」という一縷の望みとは、この全面的転換の否認の感情の現われでもあろう。

このように、逝く人を家で看取ること、その人の「死への生」にターミナルケア的に関わることは、きわめて「大変な」ことなのである。先ほどの最期の時をどこで過ごしたいかの調査で、「がん患者介護経験」がある者の場合は、家庭を希望する割合が減り、病院を希望する割合が増える、という結果がでていたが、その理由の一つはここにあるのだろう。

大変であるからこそ、それを実行した話を聞くことは感動的である。しかし、感動を与えることがらの多くは、それがそもそも現実のものとなり得たということが感動的なのである。さらにいえば、それが現実のものとなり得る条件が揃い得たということが感動的なのである。感動的であるからといって、それをすべての場合に実行すべきやり方であると言うことはできない。そのように当為的に言うことは、偽善と怨恨しか生み出さない。低く見積もっても、看取る相手が死んだことに「ほっとして」、そう感じることに対する自責の念を生むだけである。

死に逝く側もこういった事情は十分承知している。だから、家で最期を迎えることをあくまで望む者はそう多くはないのだろう。

しかし、無理を承知しているがゆえに願望が強まるということもある。また、このような事情を承知の上での入院ということであれば、死が自分のこれまで生きてきた人間関係の場からの決定的な離脱であるということが、より痛切に意識されるだろう。そういったことへの想像力もまた、現実の選択ではない「希望調査」において、家で死にたいという回答の数を増す一因となるのであろうと推測される。

がん告知

がん告知ということが問題にされて久しい。しかし、なぜ、がんだけが告知をするかどうかが大きく問題になるのであろうか。

その理由は三つあると考えられる。

第一には、がんで死ぬ人が多いこと。死亡原因の第一位というだけでなく日本人の三分の一ががんで死んでいる。ということは、身近の人間ががんで死ぬことをほとんどの日本人は経験することになる。つまり他人事ではないのである。これが「大きく」の理由である（ちなみに、エイズはこの理由にあてはまらない。また、もしこの理由にあてはまったとしても、伝染性を理由に、告知が当然という方向に議論は向かうだろう）。

そして、第二に、がんは不治の病と考えられていたこと。現在では完治する種類のがんも少なくないから、すべてのがんを不治の病と呼ぶのは適当でないが、罹患が確認されたものの大部分が治るようになったわけでもないから、そのイメージは残存している。

第三に、発病あるいは罹患が確認されてから死に至るまでに、通常の意識状態に近い状態で過ごせる相当長い時間がある場合が多いこと。がん同様に死亡原因の上位を占めている脳血管系の疾患や心臓病とはこの点が大きく異なる。

したがって、がん告知の問題は、単にがん患者に自分ががんを罹患していることを教えるべきかどうかという問題ではなく、がん患者に「死への生」の選択をせまるべきかどうかという問題なのである（その意味で、治る見込みの高いがんについては告知云々ということをとりたてて言う意味はない）。

しかし、（もう治る見込みのほとんどない）がんを告知したならば、すなわち「死への生」の選択をせまったならば、せまった側はそれなりの対応をせねばならない。告知したならば、ターミナルケア的な関わりをする必要があるわけである。

おそらくこの点に、がん告知がすすまない、特に家族がそれをためらう大きな理由があると思われる。

すなわち、医師等の病院の医療関係者にしても、ターミナルケア的な関わりをする準備が常にあるわけではない。患者の事情は人それぞれであるから、よほど意識的にターミナルケア的な関わりを準備していない限り、そのすべてのケースに対して応対できるとは限らない。医療関係者にしても告知の原則をたてることはなかなかに困難である。

いうまでもなく、家族がターミナルケア的な関わりをすることは医療関係者以上にむずかしい。家に引き取った場合の事情は先ほど述べた通りである。入院させたとしても、家族の側は基本的に「生への生」を生きていることに変わりはない。がん告知とは、家族にとって、死に逝く者と生き続ける者との間の葛藤を引き受けることに他ならない。

がんの告知が、逝く人の「死への生」にとってよい結果を生むことは少なくないだろう。しかし、そのためには告知の後に、逝く人にどのように関わるかについて、それなりの準備が必要なのである。

死を「おまかせ」する

このように考えてくると、現在なお多くの人が病院で死ぬことになる理由は、病院に死と「死への生」を「おまかせ」するからだということができるだろう。

先ほど、「家」もまた、通常の生を延長するための場所であり「死ぬための場所」ではない、と述べたが、これは現在の「家」に関してのみ言いうることなのかもしれない。昔はめずらしくなかった、直系血族以外の人間も含み込み、世代の広がりも大きく、様々な年齢の死の経験も珍しいことではなかった「大きな」家族、あるいはいつも線香の香りがし、棺桶が無理なく出入りできるような構造の家ならば、死と「死への生」を受けとめることもできたかもしれない。

そこでの「生への生」は多様なものを含みこんでいただろう。ターミナルケア的な人への関わりが「生への生」のなかで、すでに自然に身につくということもあり得たかもしれない。つまり、その集団のなかには、ひまで非生産的な人間が一人くらいはいたはずであり、家族全体がそのような生き方を許容、あるいはそれ以上に肯定していたかもしれない（ここでも過去を美化する危険を忘れてはならないが）。

しかし、現在のような、強い自我をもって未来の目的を実現すべく活動していく「生への生」中心で、ごく少数のメンバーが濃密な人間関係を構築することが求められる家族では、死と「死への生」を受けとめきれないのだ。

病院も本来、延命する＝生を延長するという目的のための組織であり、多くの病院ではいまだ十分なターミナルケアの準備ができているというわけではない。しかし、多くの家・家族が人の死は「初体験」であるのに対し、病院は人が死ぬことに慣れてはいるのである。しかも、病院での人間関係は、家族のそれに比べれば、しょせんは「他人」同士のものであり、業務上の役割によって形成されるものなのである。

そうであるなら、病院に、死と「死への生」を「おまかせ」したい、「おまかせ」することで死に逝く者と生き続ける者との葛藤、「死への生」と「生への生」との葛藤から逃れたい、死による「人間関係」の全面的転換の衝撃を少しでもやわらげたい、そのように考えることは自然なことであろう。

葛藤は死に逝く者の側にも生じるのだから、死に逝く者にしても、自らの死と「死への生」を病院に「おまかせ」したいと考えることは不思議ではない。

しかし、「おまかせ」する以上は、それにより適したところに、安心してまかせたい。その意味では、ターミナルケア、そしてホスピスは、いわば安心して死を「おまかせ」できるための条件整備、環境整備という側面があるとはいえないだろうか。

また、先に述べたターミナルケアのあるべき姿としての、地域の開業医・病院の協力による十分な医療的処置とホームヘルプ、デイサービス等による心身両面での介護協力を伴い、行政施策や地域共同体のバックアップが存在する形での在宅ケアが実現したとすれば、そこでの死と「死への生」は、「生への生」の場としての家における死と「死への生」ではなく、「家」を中心に形成された安心して「おまかせ」できるシステムにおいての死と「死への生」というべきであろう。

このように言うと、こういった動向を新たな「姥捨山」だとして非難したくなる向きがあるかもしれない。しかし、このような非難は三重の意味で単純にすぎる。

第一に、それは少なくともよりよい「死への生」への志向にもとづいている。第二に、それは現代の「生への生」のあり方をも批判的に照射する力をもっている。そして第三に、どのような社会も「死への生」と「生への生」との葛藤を処理する「方法」をもたないわけにはいかないのである。

第五章　死の社会的意味づけと決定

社会集団の出来事としての死

死はひとまず個体としての人間の、つまり一人一人の出来事である。しかし、人間が社会集団において生活する以上、それは社会集団の内で生じる出来事でもある。

しかし、死が社会集団の出来事であるためには、その死は社会集団にとって一定の意味をもつ必要がある。単に集団のあるメンバーが死んだというだけでなく、それが社会集団のあり方にとって一定の意味をもってはじめて、その死は社会集団の出来事になる。

例えば、一人の独裁者の死は社会集団の出来事である。それは、その独裁者が支配した国家のあり方にとってはきわめて重大な意味をもつからである。その国家の支配組織が崩壊することになるかもしれない。また、戦後すぐに、米の配給制度のもと、ヤミ米を買うことをしなかったある裁判官が餓死したことがあった。これもまた社会集団の出来事である。その報道は人々の心理状態にさまざまな波紋を生ぜしめることになる。人々はよりヤミ米に殺到するかもしれないし、配給制度で十分な量が得られるように制度改革が行なわれるかもしれない。これらの死は決して単なる死者個人の出来事ではない。

ところで、いま挙げた例はどちらも、まずある人間の死という出来事が生じ、それが社会集団において一定の受けとめ方をされ、社会集団の活動を引き起こし、一定の意味を持った出来事になる、という例である。

逆のケースもある。すなわち、社会集団が一定の活動を行なったために、その集団の中で生じた死が一定の意味をもった出来事になる、という場合である。

例えば、ある人が戦場で銃弾に撃たれて死んだとしよう。この死は国家が戦争に突入したがゆえに生じた死である。よってこの死は「戦死」として意味づけられ、社会集団の出来事となる。

この死と社会集団の活動の二つの関係は、むろん互いに交錯しながら生じる。

先の例でいえば、その独裁者がその時点で死んだ＝その時点まで生き延びたのは、その社会が彼を支える活動をし続けてきたからでもあり、裁判官が餓死したのは、その社会が不十分な配給制度と裁判官に強い遵法意識を求めるような倫理観を作り上げてきたからでもある。

後の例で言えば、その戦死者は、後に、ある場合は「英霊」として集団によって崇められ、ある場合は「無謀な戦争の犠牲者」として集団によって追悼されることになるだろう。

かくして、死は社会集団によって一定の意味づけをされる。この意味づけはどのような社会集団でも行なわれる。

無論、ここで確認しておくべきことは、ある人の死が、その個人の出来事でもあり、その人が所属する社会集団の出来事でもあることは、第一章でも述べた人間が個的にも類的にも存在することの一つの現われであり、どちらか一方に限定することはできないということである。人の死は常にどちらでもある。

しかし、ある社会・時代では個人の出来事であることが重要視され、ある社会・時代では社会の出来事であることが重要視され、というように両者のバランスはどちらかに傾く。また、どのようなバランスにあるにせよ、両者のどちらを重要視すべきであるかについては常に論争が生じる。この論争は最終的な決着がつくような性格のものではない。

では、現代日本社会に生きる我々は、両者のバランスを規定する要因の配置に関してどのような状況のもとにあるのか。この章では、「国家あるいは公のために死ぬことが個人の生の意味を与える」対「国家あるいは公の圧力に抗してあくまで個人として生き延びることが生の価値を保障する」というような限定された議論の構図から離れて、要因の配置をさぐって行くことにする。

死の「私事」化・「家事」化

ある事象の解釈からはじめよう。

死についての究極の意味づけは、その死は必然的である、当然である、為すべき善きことである、という意味づけである。社会集団の一定の活動が先だってあり、それがそのメンバーの死の意味を決める、という先ほどの二番目の方向でいうならば、その社会集団の活動によってあるメンバーの死が決定されるということである。

このような形での死の社会的意味づけ、社会的決定に関して、マスメディアやジャーナリズムがきわめて大きく取りあげた事件が、ここ三十年ほどの間に二回あった。まず、一九七二年の「連合赤軍事件」。この時には、「総括」の名のもとで多くのメンバーを殺したこの集団の崩壊の様を国民の七割がテレビで見た。そして、一九九五年以来明るみに出た「オウム真理教事件」。この時もまた、指導者の指示の下、そのメンバーの死を集団として決定していたかに思われる集団についての「報道」がジャーナリズムを席捲し、それは現在にまで続いている。

以上のような事態にこれだけジャーナリズムが注目しそれに人々が応じたということは、現代日本社会に生きる人々が、社会集団の一定の活動がそのメンバーの死の意味を決めるという形での死の意味づけに肯定的だからなのだろうか。

そうではないように思われる。このような形での死の社会的意味づけを、そのメンバーの死を決定する、あるいはメンバーが死ぬことを選択せざるを得ないように追い込むこのような社会集団を、否定しきれないまでも、いや、否定はできないからこそ、それを忌避したい、それはよくないことだということを皆で確認しておきたい、という思いがあるのではないか。

近過去の記憶がよみがえる。五十数年前まで、玉砕、特攻、集団自決、あるいは死が必定である戦いを、兵士に、そして非戦闘員に強いた社会がこの地をおおっていた。我々は、自らが五十数年前までのような集団を形成する志向をもっているということを認めざるを得ない。しかし、我々は、再びそのような社会集団の一員として振舞うことになる可能性があるがゆえに、それを恐れる。死を決定される側にも、死を決定する側にもなりたくない。しかし、そうであるがゆえに、そのような集団が登場すると、それから目が離せない。

このような思いは二〇〇二年の今も変わっていないのではないか。「国家」が死を意味づけることを肯定しようとする「歴史教科書」をめぐる事態について、それを明示的に支持する人々が明らかに少数であるにもかかわらず、ジャーナリズムは大きく取り上げざるを得なかった。しかし、この「歴史教科書」は結局のところ、教育の現場においてはほとんど受け入れられなかった。このような社会集団と死の社会的決定を、我々の大多数は基本的には忌避している。

しかし、ここで取り上げたいのは、死が社会集団に意味づけされることに対抗するために、我々が半世紀前から採用し続けている方策である。

それは、とりあえずは、「私事」化ということであった。死は集団とは「関係がない」こと、その意味は「私」において見出されるべきこと、「私」がその在りようを決めてもよいこと、死はこのような意味で私事に位置づけられようとした。

しかし、人はそれでも社会的存在である。死の社会的意味づけを全く捨て去ることはできない。

そこで、現代の日本の我々は、死を社会的に意味づける社会集団の選択ということにおいて、独特の方策をとることになった。すなわち、一方で、端的に社会と言われる際に想定されるような「大きな」社会集団（例えば国家）が死を社会的意味づけする集団となることを避け、家族という「小さな」社会集団にその役割をゆだねようとする方策である。とりわけ、社会集団の一定の活動がそのメンバーの死の意味を決める、という先ほどの二番目の方向での死の意味づけに関しては、国家というような「大きな」社会集団が浮かび上がることをできるだけ避けたい、もし避けられないときはできるだけ隠れた形にしておきたい、という方策である。

すなわち、死の「家事」化である。

かくして、死が語られ意味づけられる時、必ず「家族」が呼び出されることになった。何か人が死ぬ事件があれば、必ず「家族」の感想が求められた。家族は嘆き、怒り、無念さを語った。当たり前の死とは、家族に囲まれ迎える死に他ならなくなった。

このような死の「家事」化は、過去に遡る形でも行なわれた。つまり、「大きな」社会集団に決定されていたかのごとく語られていた「戦時中」の死について語りなおしが行なわれたのである。そのような死にも実はさまざまな家族のドラマがあったのだ、という物語が繰り返された。

こうして、さまざまなメディアを通しての死の「家事」的な「語りなおし」が五十年以上にわたって続けられてきたのである。前章で論じたような、死に逝く人への関わり、死の看取りにおいて、結局のところ家族が主役に引っ張り出されるのも、この死の「家事」化の浸透の一つの現われととらえるべきであろう。

かくして、我々にとって死は「家族」において意味づけられるのが当たり前のこととなった。「大きな」社会集団による死の意味づけが際だつのは、政治家や芸能人などの「特別」の人――その場合でも彼または彼女の「家族」における意味づけが引き合いに出されないことはない――か、死刑になるような何か「特別」のことをした人に限られると、考えるようになったのである。

バイオエシックス的状況

ところが、そうこうしているうちに、普通の人の当たり前の死が「私事」化も「家事」化もしきれないような、死の社会的意味づけに関わる新たな状況がやってきてしまった。しかも、それに関わる社会的関係は、「国家」や「民族」というような「大ざっぱ」な集団概念ではとらえきれないようなものである。この状況を「バイオエシックス的状況」と呼んでみたい。

バイオエシックスあるいは生命倫理学という言葉が日本でも聞かれるようになってだいぶ時がたった。バイオエシックスあるいは生命倫理学という名称は、それだけを聞けば広い意味から狭い意味まで幅を持って理解することができる。もっとも広い意味では、とにかく「生命」、「いのち」といったことが議論にかかわってくる倫理学という意味にもとれる。もう少し狭くとると、人間の生死に関わる問題を通じて人間と人間あるいは社会の関係を論じる議論というような意味になる。こういった意味にとれば、あるゆる倫理学は何らかの意味で生命倫理学的な性格をもつことになる。

しかし、バイオエシックスというものが一九六〇〜七〇年代にアメリカで成立した背景を考えれば、それを、生命科学と医療技術の進歩によって生じることとなった倫理的問題についての学問研究という意味で受け取ることが本来であろう。そして、その倫理的問題の中心を考えるならば、バイオエシックスの核は、加藤尚武が言うように「生命にかんする人為的操作の許容基準を定めるための手助けをする学問」（H・T・エンゲルハート『バイオエシックスの基礎づけ』解説）ということになる。

「生命にかんする人為的操作」の究極は「生死を決定する人為的操作」である。すなわち、生命科学と医療技術の進歩によって、今までなら助からなかった病人を医療的処置をすることで生き延びさせることが可能になった。しかし、ということは、その医療的処置を止めればその人間は死ぬということである。その人間の生死は、端的に、その医療的処置すなわち人為的操作をするかしないかにかかっている。医療というものが「人事を尽くして天命を待つ」ということではなくなり、人間が人間の生死を決定する役割を果たすことができるようになった、いや果たさないわけにはいかなくなったのである。

このような状況において、「生死を決定する人為的操作」をいかに行なうかを決めること、すなわち死の決定は、三重の意味で社会的決定と言わざるを得ない。

第一に、この決定はさまざまな社会的条件に影響され、かつさまざまな社会的影響をもたらすからである。医療装置の数は限られているから、ある人にそれを用いることは他の人の使用に左右され、他の人の使用を左右する。医療費の社会的負担なしには高度医療は行なえないが、その医療費の配分に関しても同様の事情が生じる。また、例えば早くに死の決定をすれば移植のための臓器の取り出しにとって好都合だが、この決定は殺人についての刑法という社会的規約に規定され、時にはこの規約を変更する動きを作りだす。

第二に、したがって、この決定に関しては多くの「関係者」がいることになる。この関係者間には、当然のことながら、どのように決定するかということで意見の対立が存在する。それは、この死の決定に関係する者は、もはや同じような価値観をもつ（ことになってている）ことで対立を回避する傾向をもつ（ことになっている）「家族」だけではないからである。したがって、この対立を何とか社会的に処理する必要がある。

第三に、そうである以上、この死の処理を「私事」あるいは「家事」として、限られた関係者のみの知り得る密室で行なうことには無理がある。生死が決定される当人も医療的処置を行なう医療関係者も社会の一員である。自らの考え方を持っている一方、社会の他の意見を無視することはできない。自らの考え方の形成においてすでに社会的影響を受けている一方、自分の判断、操作の正当性を社会的に保障、確認してもらう必要がある。すなわち、死の決定は「大きな」社会に引き出されて行なわれざるを得ないのである。

結局「生死を決定する人為的操作」は社会的決定なのであり、その「許容基準」は社会的に定める必要がある。その定め方について、強く言えば考え方を提示し、弱く言えば問題点を指摘するのがバイオエシックスということになる。

これまでも、例えば死刑制度において、社会集団がそのメンバーの生死を決定することや、決定するための「基準」を決めておくことが行なわれてきた（「国家が人間の死を決定することがそもそも許されるのか」という死刑制度に対する反対意見は、まさにこの点にかかわってなされているものと言うこともできよう）。しかし、自分が死刑になるか否かが問題になるのは、何か特別の場合、つまり死刑を適用されるような罪を犯した場合でしかない。冤罪を考慮したとしても、大多数の人間にとっては、そのような状況になる可能性はきわめて低い。

ところが、今度は違う。何らかの意味での「生命維持装置」によって生命が保たれている状況、それの作動、停止という人為的操作によって生死が決定されるという状況になることは、誰にでも、何も特別なことをしなくても、当たり前に生じることになった。すなわち、生命科学と医療技術の進歩によって、社会集団がそのメンバーの死のあり方を決めることが、とりわけ特別なことではなくなったという状況が生じたのである。

自己決定原則

さて、先ほど述べた、死が社会集団に意味づけされることに対抗するための方策としての「私事」化ということは、実は、明らかに「自己決定」ということと対応している。端的にいえば、自分の死については自分で決める、集団などには決めさせない、ということである。集団に決定されていたかのごとく語られていた死についての「語りなおし」には、この自己決定原則という立場からのものもあった。あたかも集団に強制されてのようにみえた死も、実はいろいろと悩んだあげく、自分で選んだものだったのだと、あるいは、最後まで集団に決定された死に方に疑問をいだいていたのだと。

しかし、社会集団のなかにある人間にとって、自己決定とは二重のはたらき方をせねばならない原則である。なぜなら、社会集団のなかにある人間にとっては、「自分のこと」といっても二通りの事柄があるからである。すなわち、とりあえず集団のことを考慮しなくてもいい事柄と、集団（全体とまでは言わなくても、少なくとも集団の他のメンバー）を考慮する必要のある事柄の二つである。

前者の事柄については、自己決定とは端的に「自分のことは自分で決める」ということである。

死が端的に私事であるなら、すなわち、集団の他のメンバーを考慮する必要のない事柄なら、死の自己決定ということは理解しやすい。いつ、どこで、どのように死ぬか、どのような意味を持つものとするか、死が私事である限り、集団が介入すべき事柄ではないということになる。自分の死は自分で決める、それで話はすむ。

しかし、死が後者の事柄であるなら事態はそう単純ではない。一つの事柄が複数のメンバーにとって「自分のこと」だからである。

複数のメンバーにとっての「自分のこと」を自己決定の原則にもとづいて決定するためにはどうすればいいいか。そのもっとも素直な方法は、決定されるある事柄に関係する者とその事柄を決定する者を一致させることである。その限りで「自分のことは自分で決める」ことになるからである。

実は、日本社会が同じく五十数年前に採用した「民主制」もまた、集団の政治的決定に関してこのような形での自己決定の原則をあてはめることであった。つまり、民主制の必要条件は治者と被治者の一致であるが、ということは決定されるある事柄に関係する者（＝被治者）とそれを決定する者（＝治者）を一致させることに他ならないからである。同じく戦後しばらくのあいだ称揚された「家族会議」もまた、家事すなわち家族という社会集団のメンバーすべてに関わる事柄に関しての、このような形での自己決定作業にほかならない。

しかし、先ほど述べたように、バイオエシックス的状況のなかで死はもはや私事ではない。

家事であることも難しい。では、バイオエシックス的状況における死の社会的決定を、「自分のことは自分で決める」あるいは決定者と被決定者の一致という方法によって、自己決定原則的に決定できるだろうか。そもそも、バイオエシックス的状況のなかでは、死が決定される当人すなわち被決定者が、自己決定できる状態ではない場合が往々にして存在する。

小松美彦（『死は共鳴する』）は脳死・臓器移植問題を論じて「死の自己決定権」論を批判する中で、「死の自己決定権」が「個人閉塞した死」を立脚基盤としていることを指摘し、それとは別の死の把握としての「共鳴する死」の復権を主張している。この小松の議論を今まで述べてきたような文脈においてとらえるならば、脳死・臓器移植問題とはバイオエシックス的状況の典型的事例であること、そして「共鳴する死」の現代的形態がどのようなものとならざるを得ないかが見えてくることになろう。現代の死は、「共鳴する」かどうかはさておき、他者との複雑な社会的関係の中で、とても「閉塞」などできずに生じ、意味づけされざるを得ないのである。

決定する「人格」

バイオエシックスの議論のなかで、自己決定という原則を守りつつ死の社会的決定についての一つの考え方を提示したものがある。ある時期のバイオエシックスの展開において大きな影響を与えたとされる、M・トゥーリーによって提唱され、H・T・エンゲルハート等によって展開された「人格 person」ということを軸にした議論である。これは「パーソン論」と呼ばれることがある。

この議論について注意しておかなければならないのは、エンゲルハート（『バイオエシックスの基礎づけ』）が自らの議論を、「非宗教的多元社会」において「特定の共同体や特定の伝統や特定のイデオロギーにまたがって正当化されうるような理解を発見する試み」として位置づけている点である。つまり、この議論は、問題となっているような死の決定は、（我々が先ほど「家族」をそう位置づけたような）同じような価値観をもつことで対立が回避されることが望める者からなる「共同体」で行なわれるのではなく、異なった価値観や主張をもつもので形成されている「社会」で行なわれざるを得ないことを前提としているのである。

H・T・エンゲルハート（同書）と森岡正博（『生命学への招待』）の整理によれば、パーソン論の基本的発想は以下のようなものであると考えることができる。

まず、「ヒトの生物学的生命」ということと「ヒトの人格的生命」ということが区別される。通常人間と呼ばれ得るものはすべて「生物学的生命」を持っているが、「人格的生命」に関してはそうは言えない。「人格」という観点からは人間が以下のように三つに分類される。

まず「厳密な意味での人格」とは、自己意識、理性、道徳感覚を持ち、最低限の対話能力を持つ行為主体としての人間である。次に「社会的人格」である。これは「厳密な意味でのパーソン」ではないが、「社会的役割のうちでお互いに作用し得る能力をもつという理由から、厳密な意味での人格がもつ権利の一部」が認められる。乳幼児、痴呆性老人、知恵遅れの人間、重度の精神障害者などがそこに入れられる。最後に、「生物学的生命」しかもたないヒト。無脳症児、大脳死あるいは植物状態の人間などがそこに入れられる。

そして、人為的に生死を決定する場合、生き延びさせる人間と生き延びさせない人間の区別は「人格」という観点からの判断に、すなわち上記の分類に基づかなければならないことが主張される。

ここから、生死の決定の権利について以下のような区別がされる。

「厳密な意味での人格」は生死に関して自己決定権をもつ。自殺も当然許されるべき行為となる（「インフォームド・コンセント」は当然のことである）。対して、「ヒトの生物学的生命」は「その生命が苦しむ能力をもち、他の人格にとって重要である場合に限り」保護される。したがって、「社会的人格」については生存権が認められるが、生死に関して自己決定権はない。その処遇は「厳密な意味での人格」に任された「恩恵の道徳性」によって決まる（エンゲルハートは次のような式を提示する。恩恵の義務の強さ＝［成功の確率×生命の質×

生命の長さ」÷「費用」)。また、「生物学的生命」しかもたないヒトについては、生存可能な胎児は「厳密な意味での人格」としての女性にとっての効用との関係で特別な保護という配慮が必要だが、それ以外の「生物学的生命」しかもたないヒトは生存権をもたない。つまり、その処遇は「厳密な意味での人格」にとっての効用から決定される。

この「パーソン論」のポイントは「自己決定する」のは誰なのかということを明確にし、そこを議論の出発点にしたところにある。

バイオエシックス的状況における死の社会的決定に関しては、被決定者が自己決定できない場合も多いから、集団のメンバー全部を決定者であり被決定者でもあるとすることは難しい。そこで、先に死を「自己決定する」権利をもった人間を決める。その人間の範囲が、すなわち個人としてあるいは集団として自己決定しうることの範囲が、自己決定することの範囲ということになる。自己決定することの範囲は（とりわけ集団としての自己決定に関しては）始めから確定的に決まっているわけではない。しかし、その範囲は自己決定しうる者が自己決定すればよい。かくして自己決定の原則をあくまで貫くことができる。

そして、「パーソン論」のように「自己決定する」権利をもった人間を、自己意識、理性、道徳感覚を持ち、最低限の対話能力を持つ行為主体という意味で「人格」とすることは、社会的決定について行なわれるさまざまな議論においては決して奇異な立場ではない。

したがって、「パーソン論」が「生死を決定する人為的操作」を自己決定的に社会的決定をするための考え方として、バイオエシックスの議論の一つの軸となったということは理解できないわけではない。

決定されるだけの者

しかし、この「パーソン論」の議論について、我々は何か「いやな感じ」をもたないだろうか。

このような議論を提示するパーソン論に「いやな感じ」をもつなら、それはひとまず、人間の中にその死を「決定されるだけ」の者が措定されることからくると言い得るだろう。

生死という存在の（文字どおり）根本の事柄について人間を分類すること、それは「人間」と呼ばれる者は、そう呼ばれる以上、根底のところで「同じ」ものであるという、我々の「人間観」を逆なでする。

我々は通常さまざまな仕方で人間を分類していないわけではない。その分類に応じて、その人間に対する関わり方を区別している。その限りでは、「パーソン論」の議論と我々が通常行なっていることに違いがあるわけではない。しかし、我々の行なっている分類は、それでもなお皆が同じ人間であるということを支えにしている。ところが、「パーソン論」に接することで、人間を分類するということが、その人間の生死の判断にまでつながり得ることが見えてくる。つまり、我々は自らが行なっていることのある種の極限を知るわけである。

そして、自分もまた、その「決定されるだけの存在」になり得る。すなわち、先に述べたように、この議論の前提であるバイオエシックス的状況においては、自分がその死を決定されるような存在になること、そしてその際、自分が「痴呆性老人」あるいは「植物状態」になっていることは決して特殊なケースでない。「パーソン論」の議論が正当であるならば、自分が「決定されるだけの存在」になった場合、まさに自分の知らないうちに自分の死が決定されるかもしれない。ここに恐怖感が生じる。

しかし、「いやな感じ」が生じる理由はこれだけではないだろう。「パーソン論」の議論が、我々が社会を営んでいく際に行なっていることの、ふだんは意識していない面を明るみに出すことに、そのより深い「いやな感じ」の理由があるのではないか。

パーソン論では決定する側を「人格」と限定し、それが決定される側より狭いことから、「生物学的生命しかもたないヒト」は「厳密な意味での人格」によって人格的配慮なしに死を決定されることが正当化される。「社会的人格」はひとまず生存権をもつが、その処遇は「厳密な意味での人格」に任されているのであって、先の式によって「厳密な意味での人格」

が「社会的人格」に対する「恩恵の義務」を持たないことも正当化される。

実は、このように、当該社会集団において決定する側が決定される側より狭いことから「決定されるだけの存在」が生じることは、近代国家の政治的決定の仕組みと同じなのである（この同型性については、エンゲルハートが自らの議論を「非宗教的多元社会」において「特定の共同体や特定の伝統や特定のイデオロギーにまたがって正当化されうるような理解を発見する試み」として位置づけることにも現われている）。

近代国家もまた、「自己決定する」権利をもった人間すなわち主権者を決めることからはじまる。民主制国家においては、主権者としての「国民」を確定するところから政治的決定のプロセスが開始される。

そして、自己決定を原則とする社会集団、民主制国家のなかでも、その住民がある事柄に関して「決定されるだけの存在」となることは決して特別なことではない。参政権を持たない居住外国人も税金を払わねばならない。未成年者が自己決定できないことはたくさんある。懲役の実刑判決を受けた犯罪者はその生活の大部分において「決定されるだけの存在」となる。人格概念との関係でいえば禁治産者という制度がある。（民主制国家にも存続し続けた）奴隷制度とはまさに「全人格的に決定されるだけの存在」の制度化である。

民主制の担い手すなわち（個体としてかつ集団として）自己決定する者が、（個体としてかつ集団として）自己決定できる者でなければならない以上、その「自己決定できる」という要件をみたさない者は、社会集団の内部にいる限り、「決定されるだけの存在」にならざるを得ないのである。したがって、自己決定に関して一定の要件を求める限り（この要求なしに集団としての自己決定という行為の成就の可能性を確保するのは困難であるとこれまでは考えられてきた）、自己決定を原則とする社会集団の中に「決定されるだけの者」がおかれることは不可避なのである。

しかし、民主制国家の政治的決定において、その「自己決定できる」という要件はどのようなものか、どのようにどうやって決まるのかは自明ではない。また、ある人間が自己決定する者として認められるか否か、すなわち「自己決定する者」と「決定されるだけの者」の外延の決定は、「自己決定できる」という要件によって確定されているのか。このようなことはすべて曖昧なままである（ここまでの議論は小泉義之の論文「残された者　民主制の内包と外延」（『現代思想』一九八九年十一月号）に触発されたところが少なくない）。

こう考えてみると、先ほどの「いやな感じ」は、パーソン論の議論そのものについて感じているというだけでなく、それを通して我々自身の社会の根本的な構造の暗部が見えて来るというところにも理由があると言い得る。すなわち、それは、自分が所属する自己決定を原則とする民主制国家の社会的決定においても、その死を「決定されるだけ」の者に、「パーソン論」の議論と同様のことが行なわれていることに気づかされることからくる不快感である。

決定したくない我々

パーソン論への「いやな感じ」ということで付け加えるなら、この社会においては自分を、死を決定する「人格」の側に置くことにも抵抗感がある。自分を「人格」の側に置いた場合は、死を決定する意識的な作業に参加しなければならないが、それはまさにこの死の事前の社会的決定、意味づけを行なうことにほかならないわけである。

米本昌平（『先端医療革命』）の次のような指摘をこの文脈に置くことができる。

米本は、日本においては、妊娠中絶一般は必要悪として認められる一方、重篤な先天異常を診断するために胎児を羊水穿刺によって診断し、それが判明したときには中絶を行なうという「選択的中絶」は嫌われるという指摘をする。そして、日本の医学界が羊水穿刺による胎児診断を「社会が考えなければならない重大問題として今日まで提示してこなかった」理由を考える。

彼は、「たぶん、その答えは、羊水穿刺による胎児診断を公的な次元で鼓舞することは優生学的社会への重大な第一歩であり、このような技術は障害者の事前抹殺の思想を含んでおり、障害者は生まれてきてはならないという考えを広めることになる、という障害者の立場からの反対論がきわめてつよいからであろう」とする。

そして、医学界からの社会的な問題提示がなされなかったことについて、「ここには、障害者差別につながる、という論法自体にはどこか疑問を感じながらも、この見解を受け入れ胎児診断にかかわる諸問題そのものを回避してしまおうとする深層心理がある、と言わざるをえない」として次のように述べる。

「障害者の人たちがこのような切実な訴えを繰り返すのは、本当に殺意を感じているからでもあろう。それは外側の社会からだけではなく、もっとも親しいはずの親からもいく度か無理心中の殺気を感じてきたからであろう。事実、日本ではサリドマイド児の死産率が異様にたかいのである（イギリスでの生存率が八〇パーセントであるのに対して、日本のそれは二五パーセント）。（中略）視点をかえると、選択的中絶に対するこのような反対論を受容してしまう社会の側も、あるいは自分たちの社会は、その懸念通り残酷な社会ではないかと、密かに思っているのかも知れない。だからこそ、胎児診断を表だって認めてしまうことが、直感的に、決定的な歯止めをはずしてしまうことと感じられ、この問題をないこととすることで、心理的な面からの安全装置を構築しているのかもしれない」。

さらに、米本は、「中絶は目をつぶってやってしまうものであり、前世と現世の中間に浮かんでいる胎児の状態を強引に覗きこんで、それを根拠に中絶することのほうを、むしろしてはならないことと、われわれの社会が信じている」のではないかとも指摘する。

すなわち、現代日本の我々にとって、死という出来事は、それについて何事も社会的に決定することなく生じてほしい出来事なのである。

日本においては、積極的な処置を伴う「安楽死」の肯定に抵抗が根強くあり、より広い意味での「尊厳死」についても、自分の死に方を（周囲と協力して）積極的に形づくる（＝決定する）というニュアンスよりも、積極的な延命措置を行なわず静かに自然に死んでいくというニュアンスでとらえられがちであることにも、このような考え方は現われているように思える。

また、そもそも、死を語ることのブームとでも言える状況のなかで、「殺す」ということにかんする言説が明らかに少ないことも指摘しておくべきであろう。少し前に、「なぜ人を殺してはいけないのか」という問いが話題になったことはあったが、小浜逸郎（『なぜ人を殺してはいけないのか』）のいうように「いっときの倫理問答ブーム」でしかなかったし、社会全体への議論の広がりがあったわけではなかった。

ここで、より一般的に、我々は、そもそも自己決定的な社会的決定が苦手なのだと言うこともできないわけではないだろう。つまり、ものごとを成るがままに自ずから生ぜしめるのではなく、自らにかかわることである限りものごとを自己決定的に社会的決定し、そうやってそのものごとの社会的意味を形成し、確認していく、そのような作業がそもそも我々はできないのだ、というわけである。このような議論は、だからできるようにならねばという現状批判的文脈でも、それが我々の文化なのだからそれでいいのだという現状肯定的文脈でも語られる。

ここまでの一般論となれば、また違った論じ方をする必要があるので深追いはしないが、死に関する現代のバイオエシックス的状況が我々にとってなかなかに難しい状況なのは確かであろう。

そして、死にかんする自己決定的な社会的決定には、それこそ一般的に、次のような特別の困難も存在する。それは原理的に再決定できない。原状復帰も不可能である。いったん死んだ者を生き返らすことは（少なくとも現在の人間には）できない（死刑制度に対する反対意見においても「冤罪で死刑が執行されてしまった場合取り返しがつかない」という形でこの点が重要な論点となっている）。

まとめて言うならば、現代の日本社会の我々には、先ほど述べたように、社会集団の一定の活動がそのメンバーの死の意味を決めるということを、できるだけ避けたい、もし避けられないときはできるだけ隠れた形にしておきたい、という思いがあると言えるのではないか。

死後の意味づけ

しかし、この章の最初に述べたように、それでも死は社会集団の中で生じる出来事である。死を、意味をもった社会的出来事にせずに放置しておくことはできない。

ここで、我々がとり得る有力な方策は、事後の意味づけである。すなわち、死に関しての社会的意味づけを、死という出来事が生じた後になそうとする、あるいは後になすことが望ましいとする方策である。

この方策の特徴は以下の点にある。

第一に、死ぬ当人をその死の意味づけの過程から排除することである。それは、死ぬ当人をその死の他の関係者と明確に区別することを意味する。つまり、逆説的ではあるが、当人は死の決定において関係者と同格ではなくなる。意味づけの過程から排除されることで、死ぬ当人には意味づけされるべき出来事の唯一の「当事者」という特権的地位が与えられる。それは、あたかも、社会集団が人の死ということを、何か特別な「大切なこと」であるとしているかのような「印象」をもたらす。

第二に、意味づけを、死という出来事が存在することそのものの決定という、「責任」を伴うことから解放することである。意味づけされるべき死はすでに生じている。それをどのように意味づけしようと、それは死そのものの決定ではない。ある死について、その死は必然的である、当然である、為すべき善きことである、というような意味づけをしたとしても、それがその死の後になされる限り、それによって、その社会集団のあるメンバーの死が決定されたわけではない。死の意味づけは、死という出来事が生じたことに「責任」をとる必要はないのである。

第三に、死の意味づけは何度でもし直すことができる。つまり、死はそもそも取り返しがつかないことであることを初めから認める。死んだ者は生き返らない。しかし、それを動かし難い前提とすれば、かえって動かすことのできる部分は明確になる。生き返るという意味づけ以外はどんな意味づけでも可能なのである。そして、どんな意味づけでも可能ということは、逆に、どのような意味づけをしたとしても、それで意味づけが完了することはないということである。すなわち、事後の意味づけは常に不十分であり、さらなる意味づけの可能性を潜在的に秘めているのである。

「死への生」に付き合おうとはしなかった親戚・知人も葬儀にはこぞってかけつけて、精進落としの宴席で故人の思い出を存分に語り合う。「故人の遺志で葬儀は行なわれない」ことはあっても、代わりに「偲ぶ会」が催される。一つの死が、密葬では子どもたちへの思いを残した死となり、社葬では会社発展の途上の死となる。同じ戦死が、時に国家再建の礎の死となり、時に無謀な戦争の犠牲の死となる。多くの死者への弔辞を集めた書物が、故人たちの許可を得ることなく出版される。かくして、これらの意味づけのかけがえのない「当事者」として、今は亡き故人は生前には思いも寄らなかった厚遇を受けることになる。時には神にすらなってしまう。

死後の意味づけは、確かに自分のことを自分で決めるという意味での「自己決定」ではない。しかし、我々は、当事者を含め「関係」する者のすべてを十分に満足させることのできないものに留まらざるを得ない死の社会的意味づけを、このような事後の意味づけを繰り返すことによって、常に取り繕い続けているのである。

この章の最初に述べた、死の社会的意味づけに関して死というできごとと社会集団の活動が互いに交錯しているということは、このような意味で理解されるべきであろう。

しかし、そうであるならば、この死にかんする事後の意味づけの作業を、「取り繕い」という消極的な位置づけではなく、死という出来事を手掛かりにして、集団が自らの在り方を変化させていくプロセスととらえ直すことはできないだろうか。

次章ではその方向を考えてみたい。

第六章　社会を生かす死

死はプロセスである――「局面としての死」と「交錯としての死」――

「死の時点」という言い方がある。我々は、この言い方を自然に受けとめる。そのようなものが確かにあると、何となく思っているからだろう。

しかし、少し考えれば、死の時点が自明なものではないことはすぐわかる。死の時点という言い方が一番なじむように思われる医学的・生物学的な死のとらえ方でさえ、人間の、あるいはその臓器のどの機能が停止した時をもって死の時点とするかはさまざまに考えることができる。ましてや、社会的な活動力の消滅をもって死と考えるならば、人は生物学的によりもずっと早く死んでいると言える場合もある。逆に、「医者が御臨終ですと宣告しても、家族にとってはその人はまだ生きているのだ」などという言い方もよくされる。

しかし、ここで、死の時点が自明でないということを、すぐさま、死についてはさまざまなとらえ方ができ、とらえ方によって何をもって死とするかは変わるから、死の時点を一概に決めることはできないのだ、と考えてしまうことは、いささか短慮である。

そうではなくて、まずは、その各々のとらえ方による各々の意味での死のどれもが、すべて直線上の「点」のようなものではなく、一定の時間的幅を持ち、そこでさまざまな営みが為されるプロセスとして理解できるものである、という意味に受け取ることが重要である。

第二章でとりあげたような一定の物質（群）からなる組織の機能の停止という意味での死の場合も、それは下位の組織の機能の停止が集積することで次第に上位の組織の機能も停止していくプロセスに他ならない。第三章のように、老いを漸次的な次第次第の死ととらえたとしても、その次第はやはりさまざまな意味が生まれてくるプロセスとしての人の営みの連続である。また、第四章で取り上げた、周囲との関わりに支えられて逝く人の「死への生」も、一定の時間的幅を持つプロセスの中で進行していく。そこでの死とは、死に逝く人と周囲の人が、人と人との関わりを、生者と生者の関係から死者と生者の関係へと転換していくプロセスである。

このように、我々が死をどのようにとらえたとしても、その各々の死は、プロセスとしてしかとらえられないものなのである。

この点を押さえておいてから、ここで、死についてはさまざまなとらえ方ができる、というよく語られることの意味を考えていこう。

死についてはさまざまなとらえ方ができる、ということは、ひとまず、死の意味は単純ではないということである。第一章の言い方を使えば、我々はさまざまな死の物語で死を理解するということである。

さまざまな死の物語は、各々の死のプロセスに対応する。我々はこのプロセスの経過について、「それはどういう意味をもっているか」ということを問い得るし、また問わずにはいられない。この問いに対して、まさに時間の経過という契機を含んでプロセス的に答えるのが死の物語にほかならない。

しかし、ここで重要なのは、そのような多様な死の物語で理解されるにもかかわらず、それらがすべて同じく「死」ととらえられるということである。

ここで、このことから、どのように多様にとらえられても「死」は同一のものであり、死には、どのようなとらえ方をしても共通に把握される「本質」がある、という方向で考えを進めていくこともできるだろう。

しかし、ここでは、別のように考えてみたい。なぜなら、この方向で考えることは、結局のところ、死を一つの死の物語に回収することにつながるからである。死の「本質」についての死の物語は、一般性のレベルこそ上がりはするが、いや、一般性のレベルが上がるがゆえに、多様な死の物語によって多様に死を理解することを妨げるはたらきをすることになるだろう。「本質」というのは静止的なものだから、死をプロセスとしてとらえることも妨げる。

ここで考えてみたいのは、次のような方向である。死が、多様な死の物語で理解されるにもかかわらず、それらがすべて同じく「死」ととらえられるということは、それらの物語が、互いに絡み合っているからではないか。言い方を変えれば、上記のようなプロセス（群）を各々の「局面」として、それらがさらにより集まり絡まり合ってさらに大きなプロセスを成しているのではないか。このような方向で考えることはできないだろうか。

一人の人間の死は、医学的な物語でも、老いの物語でも、周囲の人に支えられた「死への生」の物語でも理解できる。しかし、これらの物語は互いに無関係ではない。これらの物語で理解されるプロセスは、重なり合い、絡み合っている。この絡み合いこそが、一人の人間の死のトータルな姿である。この絡み合いの独自性こそが、その人のその死のユニークさのゆえんである。

以下では、個々の死の物語で理解される死のプロセスを「局面としての死」、それらが絡み合ったより大きな死のプロセスを「交錯としての死」と呼ぶことにしたい。

しかし、では、「交錯としての死」を我々はどのように理解することができるのだろう。

ここで、ひとまず言い得るのは、「交錯としての死」を一定の「局面としての死」に還元し、ある一定の「死の物語」で説明しようとしても、それは常にそこからはみ出していくということである。どんなに死の物語の数を増やしても、それらはそれぞれに一定の視点、一定の切り口からのものでしかない。常に、別の視点、別の切り口からの死の物語を語ることが可能である。死を「交錯としての死」としてとらえることは、死の理解についての、この「別の」という可能性を常に認めておくということにほかならない。

「死の社会的意味づけ」再考

死の物語は社会的に共有されるものである。そして、新たな死の物語は社会集団の中で形成されるものである。そこで、前章で考えた社会集団による死の意味づけということを考え直すという迂回路を経て、「交錯としての死」について検討を進めることにしよう。

前章では、社会集団による死の意味づけについて二つの場合を考えた。第一の場合は、まず、ある死という出来事が生じ、それが社会集団において一定の受けとめ方をされ、社会集団の活動を引き起こし、一定の意味を持った出来事になるという場合、第二の場合は、社会集団が一定の活動を行なったためにその集団の中で死が生じ、生じた死が一定の意味をもった出来事になるという場合であった。

前章では、後者の場合の究極の意味づけとして、死そのものが社会的に決定される場合を考えた。この場合の死の意味づけは、それを決定する社会集団の活動と同時になされていると言い得る。すなわち、この場合、死の意味は、その死という出来事が生じる以前にすでに示され、与えられている。死という出来事は、予定されたその意味を担うものとして、ただ起きればよいにすぎない。いや、起きなければならないわけである（このようにして与えられる死の意味は、その死は「必然的である」、「当然である」、「為すべき善いことである」といった、「決定」ということとほぼ同義のきわめて限られたものになる）。

しかし、よく考えると、実は、社会集団が一定の活動を行なったためにその集団の中で死が生じ、生じた死が一定の意味をもった出来事になるという形で、死の社会的意味づけが行なわれるのは、この「決定」という場合だけなのである。

例えば、前章で挙げた、国家が戦争に突入し、木村某が戦場で銃弾に撃たれて死に、その死は「戦死」として意味づけられる、という例で考えてみよう。

この場合、国家が戦争に突入し、その戦争の戦場で木村某が死んだからといって、戦争に突入した時点で、木村某の死が必ず「戦死」と意味づけられるわけではない。国家が戦争に突入したという活動を行なったために、と言い得るとしても、その関係付け＝死の意味づけは戦争に突入したという活動が行なわれた時点で必ずなされるわけではない。

つまり、通常の場合、この「戦死」という死の意味づけは、その人木村某が例えば「戦場で銃弾に撃たれた」ということに特に着目したからこそなされたわけで、もしそのとき「木村某が同僚の兵士を飛んでくる銃弾からかばった」ということがあり、そのことに特に着目したならば、この死は「友情からの死」と意味づけすることも可能なわけである。その銃弾が味方の試し撃ちのものなら「事故死」である。

すなわち、社会集団が一定の活動を行なったためにその集団の中で死が生じ、生じた死が一定の意味をもった出来事になる、という場合でも、死の意味づけは、多くの場合、死が生じた後に、それにかんする何らかの「事実」を手掛かりにして、以前の社会集団の活動を「原因」、「理由」として関係付けて、なされるものなのである。

こう考えると、死の社会的意味づけは、死を「決定」するという場合のみを除いて、ある死という出来事が生じ、それが社会集団において一定の受けとめ方をされ、一定の意味を持った出来事になる、という社会的過程として行なわれるということになる。

すなわち、前章での言い方を使えば、死の社会的意味づけは基本的に「事後の意味づけ」としてなされるのである。「決定」の場合も、厳密に「事前の意味づけ」と言えるのは死の生起そのものだけであって、そこにさまざまな「事後の意味づけ」がされていく。

ここで確認しておくべきことは以下の三点である。

第一に、先ほどから繰り返していることであるが、ある死に関して、さまざまな仕方で事後の社会的意味づけが行なわれうるということ。この多様な意味づけの社会的過程は、各々が全く孤立して行なわれることはあり得ない。同じ社会集団で行なわれる多様な意味づけは、その社会集団のあり方に規定されて相互に影響し合う。

例えば、戦場での木村某の死は、倫理的に「名誉の戦死」としても医学的に「出血死」としても意味づけられるが、この二つの意味づけは、ともに当該の軍隊という社会集団のあり方にかかわっている。もし、戦場での兵士の死をできるだけ減らそうとする軍事活動をよしとする軍隊であるならば、「名誉の戦死」というような死の倫理的称揚は行なわないであろうし、（野戦病院での医療処置を丁寧に行なうであろうから）医学的にも「出血死」というようなおおざっぱな意味づけでなく「銃弾の大動脈貫通により云々」といった詳細な意味づけが行なわれるであろう。兵士を員数としか見なさない軍隊であるから、医学的には単純な意味づけしか行なえず、それと表裏一体の兵士の志気の心理的補償としての倫理的称揚が行なわれるのである。

第二に、前章の冒頭で述べたことだが、ある死に事後に付与された社会的意味づけが、さらにその後の社会集団の活動を引き起こすことがあるということ。そして、この引き起こされた社会集団の活動は、次のある死の意味づけにおいて、その死と関係付けられ、その死を意味づけ、説明するところの「原因」、「理由」の地位を振り当てられることが十分ありうる。例えば、ある男の死が「独裁者の死」と意味づけられることで、その国家において「革命運動」が加速され、その中で秘密警察員が処刑された場合、秘密警察員の死の「原因」を「独裁者の死」から「革命運動」へという流れの中に求めることは自然だろう。

第一点がいわば死の社会的意味づけの共時的な絡み合いであるのに対して、第二点は通時的な絡み合いである。

そして、第三に、これも繰り返しになるが、事後の社会的意味づけは何度でも行なうことができること。ある死の意味づけが、短期間の間に、あるいは長い時間をおいた後に、大きく変化するという事例は、身近でも、あるいは歴史上の「重要人物」の死にかんしても、いくらでも挙げることができるだろう。

かくして、死の社会的意味づけという社会的過程には、死という出来事と社会集団の活動を個別的に結び付ける各々の過程という相と、それら各々の過程が絡まり合って形成している（より社会的過程と呼ぶにふさわしい）相があるということがみえてくる。前者を個別的過程、後者を総体的過程と呼んでおこう。

死の「経験」と集団の「主体化」

ここで、死の社会的意味づけという社会的過程のこの二相と、「局面としての死」と「交錯としての死」という死の二相を、重ね合わせて考えることができる。

まず、個別的過程による意味づけによって、死は「局面としての死」として社会的出来事になる。

個別的過程においても、死はそれと結び付けられた社会集団のある活動との関係の中で生起してくるものとして意味づけられるわけであるから、意味づけられた限りでの死は、ある時点で起きる瞬間的出来事ではなく、それ自体が時間の幅をもって生起してくるものである。先ほどの「戦死」の例で言えば、木村某の「戦死」は、国家が戦争に突入した時から、戦争が長びき召集範囲が拡大し、木村某が戦場に赴かざるを得なくなるというプロセスの中で、次第に時満ちていったものととらえられる。

しかし、先ほど考えたように、この個別的過程は孤立したものではない。互いに共時的、通時的に絡み合いながら、進行し、繰り返される。それが総体的過程であった。

この個別的過程の絡み合い、連鎖としての総体的過程を、意味づけるものとしての社会集団の側からみるならば、それは、その社会集団がさまざまの死を「経験」していく過程だということができよう。

社会集団は個別的過程を繰り返してさまざまに「局面としての死」を意味づける作業を続けていく。その経過の中で、死について、（対象的にいえば）各々の「局面としての死」に解消しきれない何か、（意味づけの内容からいえば）各々の「死の物語」に解消しきれない何か、（意味づけの作業としては）個別的過程に解消しきれない何か、にかかわらざるを得なくなっていくことになる。その何かが「交錯としての死」である。

逆の言い方をすれば、総体的過程とは、各々の「死の物語」や意味づけの個別的過程に汲み尽くされることのない「交錯としての死」を、すなわち、それをある「局面としての死」に還元し、ある特定の「死の物語」で説明しようとしても、常にそこからはみ出していく「交錯としての死」を、意味づけし続ける過程である。

しかし、ここで特に指摘したいのは、このような意味での総体的過程は、社会集団が「主体になっている」過程に他ならないということである。

「主体」という言葉はさまざまな意味で用いられるが、ここでの意味は、哲学の伝統の中で使われてきた意味ではなく、我々が日常生活で一般的に「主体」という言葉を用いるときの意味に近い。

ここで、あるものが「主体になっている」ということが意味しているのは、そのものが、第一に、次々と変化していく動的なものであり、第二に、個別性に解消されない総体的なものであり、第三に、一般性に解消されない単独なものである、ということである。

死の意味づけの総体的過程において、社会集団が、この始めの二つのあり方になっていると言い得ることはこれまでの議論から明らかであろう。総体的過程における社会集団は、さまざまな意味づけの活動を次々と行なっていながら(=第一)、その活動の総体は個々の個別的過程に還元できない(=第二)からである。

第三の「一般性に解消されない単独なものである」になっているとも言い得るのは、そのような社会集団はこの過程を経ていくなかで初めて、同じあり方をしている他の社会集団ではない唯一のあり方になっていくからである。

意味づけの個別的過程のあり方や各々の「死の物語」は他の社会集団から取り入れることもできるであろうし、他の集団に移すこともできるだろう。その意味ではそれらは一般性をもっている。しかし、「交錯としての死」を「経験」する総体的過程は、他の社会集団から取り入れることも他の社会集団に移すこともできない、その社会集団に単独のものなのである。

この「主体になっている」ということは、ある安定した状態というのではなく――だから「主体である」という言い方を避けた――、つねにそのようになり続けていることである。その意味で、以下この「主体になっている」ことを「主体化」ともいうことにする。

「交錯としての死」を「経験」する総体的過程において、社会集団は「主体化」するのである。

集団の「主体化」にとっての死の特権性

しかし、このように考えてくると、一つ疑問がわく。

上記のような構造は何も死という出来事に関してのみ成立することではないのではないか。社会集団のなかで生じるあらゆる出来事について「局面としての出来事」と「交錯としての出来事」を想定することができ、社会集団は個別的過程で「局面としての出来事」として意味づけすることを繰り返してその出来事を「経験」し、この「経験」という総体的過程のさなかにある限り社会集団は「主体になっている」のではないか、というわけである。

この疑問は当然である。そしておおよそ正しい。

より精確に言えば、その出来事がその社会集団にとっての社会的出来事である限りこのような回路が成立する。すなわち、逆に言えば、このような回路が成立する出来事のみが、その社会集団にとっての強い意味での社会的出来事なのである。

しかし一方、死は特権的な出来事でもある。つまり、死は（このような回路においてそれを社会的出来事とすることで）社会集団が「主体になっている」ことにおいて、特権的な意義をもつ出来事なのである。

なぜかといえば、死は消滅だからである。

物事の意味は区別として成立する。意味づけというのは、意味づけされる物事とそれ以外の物事との間に区別を設定することである。ある出来事の意味に関しても同様である。ある筆記具はボールペンとしてサインペンと区別され、きっぱりとした出処進退は「男らしい」ふるまいとして「女々しい」それと区別される。

この出来事の意味づけ、すなわち当該の出来事とそれ以外のものの区別は、当然のことながら、多数のさまざまな出来事相互の区別、互いの差異づけの体系のなかで成立している。したがって、ある出来事が生じて、それが意味づけされるということは、その出来事が、多数のさまざまな出来事相互の区別、互いの差異づけの体系のなかに位置づけられるということである。

これには二通りの場合があるだろう。つまり、出来事相互の区別、差異づけの体系はこれまで通りで、そこに生じた出来事が位置づけられるだけの場合と、生じた出来事を位置づけるために出来事相互の区別、差異づけの体系が転換する場合である。

ある出来事が社会的に意味づけされることによって、その社会集団が「主体化」するというのは、この後者の場合にほかならない。

そして、社会集団にとって、死とは一つの新たに生起した出来事でもあるが、同時に、出来事が生起する可能性の担い手としてのメンバーの消滅でもある。

したがって、メンバーの死という出来事は、たとえ、それそのものは既存の出来事の区別、差異づけの体系に位置づけて意味づけ得たとしても、それだけではすまないのである。

なぜなら、メンバーの死という出来事は、社会集団がこれから生じるであろうと予期している出来事に関しての区別、差異づけの体系にも関係し、かつこちらの体系に関しては――死んだメンバーにかかわるであろう出来事が消滅あるいは変貌するのであるから――その転換を要請するのである。

すなわち、死という出来事は、社会集団にとって来《きた》るべき――つまり、来ることを予期し、来たとしてもそれを受けとめる意味の区別、差異づけの体系が用意されている――出来事の様相を変えてしまう出来事なのである。

社会集団が「主体になっている」、すなわち「次々と変化していく動的なものである」ことは、その社会集団の出来事を受けとめる意味の区別、差異づけの体系を用意して、「未だ生じていない出来事」を「来るべき出来事」にしておく仕方を、次々と更新していくということに他ならない。メンバーの死という出来事はこの更新を引き起こすのである。

さらに、ある死に事後に付与された社会的意味づけが、さらにその後の社会集団の活動を引き起こすことも考えれば、この出来事の生起に伴う出来事相互の区別、互いの差異づけの体系の転換は、社会集団の活動（のあり方）にかんしての区別、差異づけの体系の転換につながる。すなわち、社会集団の活動（のあり方）にかんしても、新しい活動（のあり方）の可能性が開かれることになる。

かくして、死という出来事は、社会集団を「主体である」、「次々と変化していく動的なものである」というあり方に活性化させることにおいて、特権的な出来事なのである。より強くいえば、死という出来事は、単に社会集団によって意味づけされ、社会的な意味が与えられる出来事というよりも、社会集団の「主体化」という過程を動かしていく動的なプロセスなのであり、かえってその点にこそ死の「意味」があるということもできるだろう。

もちろん、ある集団のメンバーの死のすべてにおいて、来るべき出来事のための意味の区別、差異づけの体系のこのような転換が常に実現するとは限らない。転換が生じない場合は、集団は「主体化」されることなく、すでになされている「主体化」の痕跡としての既存の来るべき出来事のための意味の区別、差異づけの体系を維持しつつ存在することになろう。

我々がある死を「無意味なもの」と呼ぶべきなのはこのような場合である。といっても、このような死でも、既存の来るべき出来事のための意味の区別、差異づけの体系における意味は有するのであるから、より精確に言えば、すでに用意されている意味しか持ち得ず、あらたな意味の区別、差異づけの体系を導かなかったがゆえに、その体系の転換という意味が「無い」もの、と言うべきであるが。

戦争態という主体化

さて、このように考えるならば、ある社会集団にとって、そのメンバーが死ぬということは「主体化」のチャンスでもあることが見えてくる。

その端的な例は、前章の最初に挙げた「独裁者の死」という場合である。その時こそ、その国家は出来事のための意味の区別、差異づけの体系と、社会集団の活動（のあり方）の区別、差異づけの体系をともに転換し、あらたな歩みを始めるチャンスを得ることになる。

ある社会集団のメンバーが、しかも多くのメンバーが死ぬケースとして、我々がすぐに思いつくのは戦争である。理屈でいえば、「戦争」とは「ある政治目的のために政治・経済・思想・軍事的な力を利用して行なわれる政治集団間の闘争」（弘文堂『社会学事典』における高柳先男の説明）であるから、戦争だからといって必ず多数の死者が出るとは限らない。しかし、戦争を行なう社会集団は多くの場合は死者が出ることを忌避せず、事実、戦争は多くの場合に相当数の死者の発生を伴う。

したがって、政治・社会集団が、戦争を行なうことで死者を出し、そのメンバーの死を手掛かりにして自らを「主体化」するということは、その戦争の開始が自発的である場合にせよ、他から攻撃されてやむを得ずという場合にせよ、よくみられることとなる。「国家」、「民族」、「宗教共同体」、「思想共同体」などさまざまの政治・社会集団が、戦争をするうちに、集団として転換し、脱皮していくということは例を挙げるまでもないだろう。逆の言い方をすれば、メンバーの死によって自らを「主体化」している社会集団こそが、真の意味でその戦争を経験していると言い得る社会集団なのである。

誤解のないように言っておけば、このことは、戦争をして「犠牲者」を出し、その死を手掛かりにして、その政治・社会集団が統合性を高め、その集団の固有性をうたいあげるという、これもよくあることとは違う。後者は、先ほどの言い方を用いれば、既存の来るべき出来事のための意味の区別、差異づけの体系によって「犠牲者」の死を意味づけし、その既存の体系を強化して維持しているにすぎない。その死には体系の転換という意味がなく、「主体化」は起きていない。そのような政治・社会集団はいつか行き詰まる。

考えてみれば、社会集団が社会集団として成立し持続するためには、先ほどの意味で「主体化」していることを完全に止めることはできない。「主体化」が完全に停止した時、その社会集団は、上位集団に吸収されるか、あるいは下位集団に分散することで、社会集団として想定されなくなっていく。

戦争におけるメンバーの死によって社会集団が「主体化」することは、政治・社会集団についての歴史的な語り方をも規定する。歴史とは政治・社会集団の変遷・変貌の記述である。したがって、各時代の歴史記述においてもっとも基軸となる政治・社会集団とは、その時代に戦争によって「主体化」している社会集団にならざるを得ない。例えば「日本」の歴史が語られる際に、平安末期には「平家」と「源氏」が、戦国時代においては諸「大名領国」が、幕末には「幕府」と「薩長」が、明治初期には「新政府」とそれに反抗する勢力が歴史記述の主語となる語り方が採用されるのが常である。これらの政治・社会集団はなぜ歴史記述の主語となるのか。考えてみれば、これらに共通しているのは、その時代――いずれも政治・社会集団がその在り方を変貌せざるを得ない時代である――の「戦争」の当事者とみなされるということだけなのである。

もちろん、政治・社会集団が軍事力を用いて実際に死者を出す戦争を行なっていない、あるいはそれについて語れない場合もある。その時は、「経済戦争」、「文化・思想闘争」、あるいは「サッカー・ワールドカップ」「オリンピック」などが戦われるか、それについて語られることになる。それによって、政治・社会集団は自らの「主体化」を維持するのである。しかも、これらの「戦争」も「犠牲者」を出すものである（ある場合には本当に死ぬ者もでる）以上、このような表現は、必ずしも比喩というわけではない。

　ここで、「国家」であろうと「民族」であろうと、過去あるいは現在の政治・社会集団のあり方を称揚し、その集団への帰属こそが「意味ある生」を保証するように語られる際、その語りの中には必ず「戦争」が含み込まれることにも触れておくべきだろう。「自虐史観」を攻撃しようとする人々は、戦争についての語り直しをその言説の中心とするし、「同時多発テロ」にみまわれたアメリカ大統領は、事件後最初の記者会見で「これは戦争である」と宣言した。

　言うまでもなく、これらの語り手たちがめざしているのは、先ほどの後者、すなわち、既存の体系による「犠牲者」の死の意味づけと、それによる政治・社会集団の既存の統合性の強化・維持である。そうである限り、このような戦争はまさに「無意味」であり、それによる死はまさに「犠牲」以外の何ものでもない。

　しかし、ここで注意すべきは、そのような語りがかぶせられる戦争の経験においてさえ、当の政治・社会集団は、メンバーの死によって何らかの意味で自らを「主体化」していくことも起きうるということである。「無意味な」戦争、無意味な「犠牲」をなくそうとする「平和主義」が、時として戦争賛美の言説に足をすくわれるのは、このことに無神経である場合である。

　さらに付け加えれば、現代は、この戦争の当事者としてどのような政治・社会集団が措定されるかということにおいて、「国家」、特に「民族」と結びついた「国民国家」の特権性が消えようとしている時代ということはできよう。「同時多発テロ」を例に挙げれば、「アメリカ」は「国民国家」でないだけでなく、そのメンバーおよび「支持者」にとってはむしろ「世界」そのものである（「グローバリゼーション」が「アメリカナイゼーション」にほかならないことに、それがよく現われている）。テロを行なった（と言われている）政治・社会集団も、少なくとも「国家」でないことは明らかであろう。

「家族の危機」

死と社会集団の「主体化」の関係は、より小さな社会集団においても想定することができる。よく言われる（そのわりには意味不明の）家族の「危機」とか「解体」ということを、この視点から考えてみよう。

ある社会集団が「危機」であるということにはさまざまな意味があるだろう。しかし、先ほど述べたように、「主体化」が停止するということは、その社会集団にとってきわめて危機的な状態である。「家族の危機」ということも、このような「危機」とは言えないだろうか。すなわち、現在「家族」と呼ばれ得るような集団の多くが、死を今まで述べたような意味で「経験」できなくなっているために、「危機」に瀕しているといわれるのではないか、ということである。

「家族」(ここでは「一族」も区別せず含めておくが)と言われる(言われてきた)集団にはさまざまな機能が帰せられる。性的、生殖的、経済的、生体維持的、教育的、文化的といったさまざまの機能について、各時代・社会においてどの点が強く求められるかで、各時代・社会ごとに(さらには階層ごとに)支配的な家族の形態が定まる一方、その世代的、血縁的広がりについても、人数といった規模についてもさまざまなバリエーションが可能である。だから、ある形態の家族が減少したり、家族がある機能を果たせなくなったからといって、それをすぐに「家族の危機」ということはできない。

しかし、日本の場合、第四章でみたように、一九六〇年代まではほとんどの人が自宅で、すなわち家族という集団の中で死んだのだから、どのような形態の家族であれ、それは死を受けとめる機能を果たさないわけにはいかなかった。この受けとめの難しさの一面については第四章で述べた通りであるが、しかしともかく受けとめないわけにはいかなかったのである。

この受けとめは、この章で社会集団一般として(より大きな社会集団が念頭に置かれていたことは事実であるが)論じてきたことと、実は同じことである。

すなわち、それは家族の出来事の意味の区別、差異づけの体系の転換と、家族の活動(のあり方）に関しての区別、差異づけの体系の転換と、そして、それによる家族の「主体化」である。

もちろん、このような死の受けとめによる「主体化」が常に完全に行なわれてきたわけではないだろう。多くの場合は、家族の一員の死を、既存の家族の出来事の意味の区別、差異づけの体系のなかに位置づけることがその作業の大部分を占めたであろう。例えば、社会集団においてある程度共通で、しかもその家族に特有のものが必ずある「葬送儀礼」とは、このための、すでになされた「主体化」の痕跡としての既存の意味の区別、差異づけの体系にもとづいた、死の受けとめの一局面である。

しかし、それでもなお、その家族の一員の死は、家族の「主体化」の絶好の機会なのであり、家族の形態によって形式はさまざまであろうが、やはりそれを手掛かりに「主体化」は引き起こされたのである。例えば「代替わり」という形で、行なわれてきたはずである。前章でふれた死の「家事」化が起き得たのも、家族が死を「経験」することで「主体化」し、変貌することで、社会集団として活動力を取り戻すことができたからであろう。

ところが、第四章でみたように、人は家族の中で死ななくなったのである。家族が死を受けとめることがない可能性が高まり、したがって、家族の「主体化」の機会が生じない方向に向き始めているのである。

もちろん、家族が「主体化」する機会はその一員の死だけではない。例えば子どもの誕生ということもその重要な機会である。現代では、家族の構成員が外部との関係を作ることでその機会を得る可能性は以前よりはるかに高いだろう。したがって、人が家族の中で死ななくなったことのみをもって、家族の「主体化」の機会は失われ、家族は危機に瀕し、解体への道を歩んでいる、と言い切ることは軽率である。

しかし、その一員の死の受けとめという有力な機会が失われつつある今、もし家族という社会集団を維持していこうとするのならば（別にそうしなくてもかまわないが）、それに代わる「主体化」する機会を見出す必要があるように思われる。

「抗議の自殺」

さて、社会集団を「主体化」する機会としての死という出来事が意図的に生み出されることがある。自殺である。自殺は必ず、ある社会集団のなかで行なわれる。それは、その社会集団によって意味づけされ、社会的な出来事となる。

しかし、自殺した者は、自分の死の意味を決めることはできない。意味づけは自殺の後になされる。その時、自殺した者はもうこの社会集団には存在しない。すなわち、自殺という死に方を選んだ者が自分で決定できるものがあるとすれば、それはその死の意味ではなく、死を投げ出すということだけなのである。

しかし、逆に言えば、もし自殺が「意味」を持っているとすれば、まさにこの点にかかっていることになる。つまり、死という出来事を投げ出すことで、出来事の意味の区別、差異づけの体系の転換を伴う社会集団の「主体化」が生じる機会を提供する、ということが、自殺が有し得る唯一の「意味」なのである。

この「意味」は、いわゆる「抗議の自殺」の場合には意図的に目指されていると言うことができるだろう。「抗議の自殺」は、多くの場合、その社会集団の少数派、すなわち既存の出来事の意味の区別、差異づけの体系に全面的には賛同していない、それでは不利益を被るグループから出現する。それは、自らの死という出来事を投げ出すことで、既存の出来事の意味の区別、差異づけの体系の転換を生ぜしめようとする行為なのである。

しかし、この行為は、二重の意味で「むなしさ」を感じさせる行為である。

第一に、それは、自分が生きていることが既存の出来事の意味の区別、差異づけの体系の転換が行なわれる可能性を確保することであるという、集団の一員として存在することの根底的な意義を見切ってしまったにもかかわらず、なお集団の意味の区別、差異づけの体系にこだわっている行為であること。

第二に、この行為は、めざしたことが実現する可能性が明らかに低い行為であること。

「抗議の自殺」は、出来事の意味の区別、差異づけの体系の設定のイニシアチブが「抗議」する相手側、すなわちその社会集団の多数派にある限り無効になる可能性が高い。有効になるのは、自殺した者の側がいわばこの設定のイニシアチブの争奪戦に勝利した時に限られる。しかし、この行為はイニシアチブの争奪戦が不利であるからこそなされる。この限りで、これはまさに「賭」でしかないのである。

おそらく、「抗議の自殺」という行為が賭けているのは、実は、この集団の「外部」からの介入なのであろう。

自殺という行為によって、単に死という出来事を生起させるだけでなく、それまで当該の問題に関して関与していなかった者、すなわち当該の問題にかんする社会集団の「外部」の者の介入を引き起こし、この二つによって既存の出来事の意味の区別、差異づけの体系の転換を生ぜしめようとするのが、「抗議の自殺」の戦略なのである。したがって、「抗議の自殺」は、当該の問題にかんする社会集団の「外部」の者に気づかれねばならないし、できればその眼前で目立つ形で為されるのが望ましい。「焼身自殺」はその典型である。

いわゆる「いじめ」による自殺、より丁寧にいえば「いじめられた者の自殺」が、自殺した当人によって（遺書などで）「抗議の自殺」であるとされることがある。もちろん、「いじめられた者の自殺」のすべてが「抗議の自殺」ではないだろうし、そもそも「いじめ」というくり方のもつ意味も再考する必要があるが、当人にしてみればそう訴えざるを得なかったと思われるケースはある。

しかし、「いじめられた者の自殺」は、「抗議の自殺」として有効性をもつことが非常に難しい自殺である。

「いじめ」と総称されている事象のあるものにおいては、いじめられている者を、出来事の意味の区別、差異づけの体系の設定において排除されている者、集団の他の者が行なうその体系（それはおそらく例えば「マジ」と「シャレ」のように特殊に二重化されている）の運用によって翻弄され続けている者と、とらえることができるように思われる。いじめる側から言えば、いじめの「おもしろさ」のある部分は、自分が行なうこの偽「主体化」的な運用が相手を翻弄できることにある（偽「主体化」的というのは、いじめる側がこのような運用をするのは、自分が参与したいその集団の主体化に本当は加われていない、あるいは、そもそもその集団では主体化が停止しており、その点でいじめる側にも不十全感があるだろうと思われるからである）。そして、このような翻弄関係が成立するのは、いじめられている者も、その意味の区別、差異づけの体系とは別の体系をもてないどころか、そもそもそれから距離がとれない状態にあるからであろう。

このような状況において、いじめられている者が「自殺」にまで至るのは、単に翻弄されることの苦痛が受けとめられる限度を越えただけでなく、出来事の意味の区別、差異づけの体系の運用に関して自分だけが決定的に孤立し、しかも、この意味の区別、差異づけの体系に対して自分から距離をとることができないために、この体系から逃れることは、自分が死ぬ以外にないとなった時であろう。

しかし、そうであるならば、いじめが生じている「学校」という社会集団で、この自殺が「意味」をもつ——すなわちこの死という出来事から意味の区別、差異づけの体系の転換が生じる——可能性は限りなく低いと言わざるを得ない。

では、「外部」の介入はあるのか。学校という社会集団が「外部」に対してきわめて閉鎖的である場合が多いことは、たびたび指摘されることである。直近の「外部」である「地域」はどうか。いじめは地域や家庭などが学校と共に閉鎖的社会集団を形成している場合にこそ起こりやすいことは、これまた、たびたび指摘されることである。では、行政やマスコミ、人権団体はどうか。自殺の直後は別として、これらが、すでに死んでいる者の問題に徹底して介入し続けることが簡単なことではないことは言うまでもない。わずかに期待できるのは、自殺した者に何らかの意味で「共感」的に吸い寄せられた「表現者」（ジャーナリストも含め）であろうか。

このように、自殺しかないところまで追い込まれながら、その自殺が「無意味」になる可能性が高いこと、このことが、「いじめられた者の自殺」のいたましさの一つの理由なのである。

終末論の誘惑

しかし、自殺というものが、出来事の意味の区別、差異づけの体系の転換を伴う社会集団の「主体化」という「意味」を、限りなく低い可能性ながらも有し得るものである——切通理作（『お前がセカイを殺したいなら』）は、鶴見斉の『完全自殺マニュアル』を、したり顔をしてこれを手放させるものとして批判している——とすれば、この可能性を根こそぎなくそうとする議論が終末論である。

ここでは「終末論」を、「世界」、「人類」といった自分が関係し得るもっとも広い社会集団——したがってその「外部」が考慮されることのない社会集団——が「終わる」ということを肯定的にとらえ、そこへの至り方を論じる議論、という意味で用いる。このように広義にとれば、終末論にはさまざまの形態があり得る。

しかし、どのような形態であれ、終末論における「終わり」とは、その当人にとっての（「外部」の無い）社会集団において、もはや出来事の意味の区別、差異づけの体系の転換が起きなくなる、したがってその社会集団が「主体化」することがなくなる、ということに他ならない。

したがって、どのような形態であれ、終末論とは、自らの社会集団を閉じた上で、その社会集団での出来事が集団を「主体化」する可能性を絶つための、あるいはそのような可能性をもつ出来事を生起させる活動を、社会集団が行なう可能性を絶つための「論理」なのである。

終末論では「終わり」は肯定される。しかも、「終わり」において、その集団の出来事の意味の区別、差異づけの体系は固定される。したがって、終末論者は、自分を、その「終わり」までに、その固定された意味の区別、差異づけの体系に照らして、絶対的に善く、正しくしておかなければならないことになる。

ここに、よき生き方を実現しようとする「倫理」というものが、常に終末論的な議論に引き寄せられていく理由がある。

確かに、「終わり」がどこかから「来る」という形でとらえられ、しかもその到来が無限に先送りされれば、したがって、意味の区別、差異づけの最後の体系の実質的内容が固定的に示されることがなければ、終末論は人間が自らを善く、正しくし続けるモチベーションを与えるというだけの機能を果たすかもしれない。ある意味では、それは出来事の意味の区別、差異づけの体系の転換を伴う社会集団の「主体化」を引き起こす可能性もあるだろう。カント(『万物の終末』)が終末論に対して認めた唯一の肯定的解釈はこのようなものであった。しかし、それは「善く、正しく」の実質的内容が常に空欄であり続ける限りで、である。そのようなことは現実の社会集団においてはあり得ない。

もし、「善く、正しく」の一定の実質的内容が提示されながらのものであるなら——現実の社会集団においてはそうであるしかないが——、さらには、「終わり」が終末論者によって「起こされる」ものであるなら、それはまさに、カント(同書)の言葉を借りれば、「倒錯的終末」という以外にないものとなろう。

すなわち、それは自らのあり方を「善く、正しく」することと、それを保証する意味の区別、差異づけの体系の固定を、同時に一挙に成し遂げることにほかならない。そして、それは、自らの現在のあり方を絶対的に肯定し、それを保証する意味の区別、差異づけの体系がこれから転換する可能性を絶対的に断つことにほかならない。

それは、ある場合には、その集団ぐるみの「外部」のない世界への(実際のあるいは観念的な)「隠遁」、あるいはそれと同じ意味をもつ「集団自殺」によって成し遂げられることになろう。

しかし、もし、それを、自らが属する社会集団のメンバー以外の人間も存在しているこの現実社会で実現しようとすれば、それは、この現実社会においてその体系を共有していない者と、それを動揺させる可能性が少しでもある者を「抹殺」することによってのみ成し遂げられることになろう。我々は、一九九五年にこのように解釈することもできる——「事実」がどうか判断できる立場に私はいない——いわゆる「オウム真理教事件」と出会った。歴史上、同様に解釈できる事件は古今東西いくらでもある。

確かに、宮台真司（『終わりなき日常を生きろ』）が言うように「歴史の教訓」は「それでも結局は「終わらない日常」が勝利するというところにある」。しかし、どのような形にせよ倫理を語ろうとする者にとって、それを語るうちに終末論に近づいて行く誘惑を振り切ることは、そう簡単なことではないように思われる。宮台が必要だという「終わらない日常のなかで、何が良きことなのか分からないまま、漠然と良心を抱えて生きる知恵」の中にもまた、自分の「善さ、正しさ」を確認しようとするたびに、おそらく小さな終末論が紛れ込むことになるのであろう。

第七章　死とコンテクスト

よき死の探究としての「闘病記」

「人間はすべて死ぬ」ということを端的に受けとめれば、死ぬまでの人生は、それをどのように過ごそうとも、すべて死への準備の営みなのだということもできる。

しかし、もちろん、「死への準備が必要だ」などと言われる場合は、このように端的に考えられているわけではない。準備される死とは、ただの死ではない。多くの場合は、よりよく死ぬために「死への準備が必要だ」と考えられている。

では、「よい」死とは何か。それを知るためには、死を正面から受けとめて考えなければならない、あるべき死に方を探究しなければならない、とするならば、我々はこの書物の「はじめに」の冒頭の状況に戻されることになる。

そこでも触れたように、一九八〇年代に形成されてくる死を語ることの「ブーム」はよき死、あるべき死に方を探るという性格を強く持っていた。

この時期のいわば前史について、柳田邦男（『同時代ノンフィクション選集第1巻　生と死の現在』解説）が「闘病記」（この言い方には第三章で触れた戦いのメタファーがみてとれる）を取り上げて、以下のように指摘している。昔から闘病記というようなものが書かれていなかったわけではないが、一九六〇年代からがんに直面した作家、学者などがそれに類するものを次々と書くようになる。そして、一九七〇年代からものを書くということを生業としない人々が、自分自身や、配偶者、親、子の闘病について、散文で事細かに記録的に書くようになり、それが公表されるようになった。

柳田が指摘するこのような動向を、限られた形であるにせよ、一九八〇年代の、より多様な形態での死を語ることのブームの先駆けと考えることができるだろう。闘病記といっても、病気を克服したというものだけでなく、ある人間が死ぬまでに何を考え、何を為して、何を語ったかということを記したものも多い。また、このような闘病記には、自分で綴ったものだけでなく、身近の誰かが記録したものもあるが、後者の場合でも、その記述者の考えだけでなく、闘病して死んでいった者の死のとらえ方が浮かび上がってくることが普通である。

柳田（前掲書）は、闘病者にとって書くという行為がもつ意味を次のように五つに整理している。第一に、病を得て初めて知った痛みや無念の気持ちを吐き出すことによる苦悩の癒し。第二に、肉親や友人へのメッセージ。普段は表現しないような配偶者への思い、愛、感謝等が闘病記には綴られる。あるいは、幼い子へ「大人になったらぜひ読んでほしい」と自分の思いが語られる。第三に、死の受容への道程としての自分史への旅。第四に、自分が生きたことの証の確認。柳田は、人は病者になる（日常活動が制約を受け、「突然自分の内面と対座しなければならなくなる」）と「詩人となり思索者となり哲学者となる」と言う。そして、第五に、同じ闘病者への助言と医療界への要望。

柳田はこれらの中で、第四の「自分が生きたことの証の確認」が中核であるとし、それの理由として日本人の価値観の変化を言う。すなわち、人々の暮らしが物質面では豊かになり、生活や人生の質を重視するようになったことに対応して、「何はともあれ生きていてよかった」という時代から、「どのように生きたのかを真剣に考える」という時代へ日本社会が転換した、というわけである。逆に言えば、人々にとって「生きる」ということは、振り返って考える必要のある、現実の姿とあるべき姿が分離したものになったのである。そして、その考察の重要な手掛かりになったのが、死だったのである。

死の物語の流れの双方向化

しかし、ここで重要なのは、柳田が「闘病の社会化」というモメントである。すなわち、

「闘病記を出版するのは、まさしく自分の生き方を社会という鏡に映して客観視することである」。「自分の闘病を閉ざされた私的な時空のなかの営みとするのではなく、闘病の内実を広く社会に公表し、アピールし、人々の反応によって、自分の生の証をより確実なものにしようとする生き方である」と柳田は言う。

この「闘病の社会化」というモメントは次のようにもとらえられる。

自らの死のよきあり方、あるべき姿を考察し、その考察を書き記すことで死への準備を積み重ねていくこと、それが「闘病記」である。その意味で、「闘病記」とは、自分の死を理解し、受けとめる「死の物語」にほかならない。しかし、「闘病記」が死の物語のはたらきをするためには、第一章で述べたように、それが社会的に共有されなければならない。そこで「闘病の社会化」が生じることになる。

安定した死の物語の時代には、一人一人は既存の死の物語を受け入れればよかった。それによって、あるべき死の姿を理解し、よき死への準備を積み重ねていくことができた。そこでの死の物語の流れは、社会から個人へという一方向的なものである。

しかし、もはや社会全体が一様に受け入れている死の物語は存在しない時代が到来した。そこから、死の物語の再形成の時代がはじまる。

もはや、無条件で誰もが受け入れる数少ない死の物語が存在するという状況でない以上、一人一人は、社会に流通している多くの死の物語から各々が納得する死の物語を探さなければならない。しかも、そのどれもが無条件では受け入れられないものであるなら、さまざまな死の物語から、それらの部分や構成要素を選びとってこなければならない。しかし、物語の部分、構成要素等をただ集積しても、それは必ずしも社会的に十分に共有されるものになるとは限らない。したがって、その社会的共有性をあらためて形成するなり、確認しなければならない。

すなわち、我々はそれが社会的に共有できるものであることを保証し、確認するために、選択した死の物語の部分、構成要素等を自分で「編集」――松岡正剛のように幅広く積極的な意味をこめてこの言葉を用いたい――しなおして、社会に向けて発信しなければならない。この作業を繰り返し、自分が発信したものが一定程度社会的に受け入れられて、共有性が確認できてはじめて、我々は安心してそれを自分の死の物語として受け入れることができるのである。

かくして、死の物語の流れは社会から個人、個人から社会へという双方向的なものになった。社会についての意識がそれを形成するものとしての個人についての意識とともに生じるものだとするならば、死の社会化は同時に、死を手掛かりにした、精確に言えば死の物語によって死をとらえ、受容するという作業を手掛かりにした、新たな社会意識の形成ということでもあるだろう。

私の死の物語

このような事態は、結果としてこの日本社会において死の物語が多様化してゆく道を開いた。したがって、このような事態を、「ここにおいて死がお仕着せのものでなくなった」、「一人一人が自分なりの死の理解をもち、各々に納得した死に方ができるようになった（なる可能性が開けた）」と肯定的にとらえることも可能であろう。

しかし、ここで重要なのは、死の物語すなわち人々の死の理解が多様になるということは、それがそのまま、各人が誰のものでもない自分の死を死んでいくようになるということではない、ということである。このことは二つの方向から言えることである。

第一点は、皆が一つの同じ死の物語を受け入れ、それによって自分の死を予期し、準備し、そして理解しつつ死んでいったからといって、そのことはそのまま各々が自らの死から締め出されていることになるわけではないということである。そのような形で、「かけがえのない」自分の生と死を十分に生きて、死んでいった人間は多数いたはずであるし、今もいるはずである。死の物語は一定程度社会的に共有されてはじめてその機能を果たすことができることは、たびたび強調してきた。その意味では、一つの同じ死の物語を皆が受け入れられるというのであれば、それにこしたことはないのである。

しかし、この点については次のように言うことはできる。すなわち、各人が誰のものでもない自分の死を死ねるようになるだけの力をもった、一つの同じ死の物語が成り立たなくなってしまったのが現代であり、皆が知っているような死の物語によって死をとらえていては自分の死が「皆が知っているような」ものになってしまうのが今という時代である。そこでは、たくさんの新しい選択肢があったほうが「かけがえのない」自分の死を死んでいける可能性は高い。その意味では、死の物語すなわち人々の死のとらえ方が多様になったということは、少なくとも、各人が誰のものでもない自分の死を死んでいくようになることに逆らうことではない、と。

より重要な第二点は、たとえ各人が心から納得できる自分にとっての「私の死の物語」(しかもある程度の社会的共有性もある)をもったとしても、それが誰のものでもない自分の死を死んでいくことを阻害することもあり得るという点である。このことは、次のような場合に典型的な形で現われる。

このような心から納得できる「私の死の物語」を得た者は、まさにそれがそのようなものであるがゆえに、それによって自らの死のよきあり方、あるべき姿を理解し、その理解を与えてくれる死の物語にしたがって生きて、死への準備を積み重ねていくことになる。

しかし、たとえ自分の死を思い通りに準備でき、私の死の物語通りに死んでいったにしても、その死は、既存の死の物語の一般性に埋もれない単独の独自性をもったものであろうか。既存の死の物語による個別的な意味づけから救い出された総体性を有する死であろうか。それが私の死の物語であったとしても、死の物語に先行され、それに規定された死である限りにおいて、そうではないだろう。

そしてどうだろう、そもそも思い通りの準備などできるであろうか。自らの死は「私の死の物語」の中にあるものと同じになるだろうか。それはほとんど不可能というものである。しかし、彼あるいは彼女は、それでもあくまで、その死のよきあり方、あるべき姿をめざしてさらに準備を積み重ねていくだろう。なぜなら、それがよき死をめざしてよく生きるということであり、そのために自ら納得した死の物語をもっているのであるから。

このような営みは、無理を生みだしはしないか。これはまさに前章で述べた終末論と同じ構造である。そのとき彼あるいは彼女は、自らの「私の死の物語」に閉じ込もり、それからはみ出す自分と他者の営みを否認し、それを「抹殺」する道へと歩み出しはしないか。

主体化としての死の物語の語り

私は、別に「私の死の物語」をもつことが「わるい」、「つまらない」ことだと言いたいのではない。それはそれで「よい」ことであろう。しかし、今述べたようなことを考え合わせるならば、「私の死の物語」をもつことが、誰のものでもない自分の死を死んでいくことにつながるのは、そうすることによって、私が、私の死の物語の語り手として「主体になっている」、「主体化」している限りにおいてなのだということを確認したいのである。

ここに言う「主体になっている」ということは、前章でも述べたように、次々と変化していく動的なものであり、個別性に解消されない総体的なものであり、一般性に解消されない単独なものである、ということである。

私が、私の死の物語を語りだしていく過程、すなわち社会に流通している複数の死の物語からそれなりに各々に納得する死の物語の構成要素、部分的な筋等を選択し、それを自分で編集しなおして、社会に向けて発信するという作業を繰り返し、それが一定程度社会的に受け入れられていくという過程は、私が、私の死の物語の語り手として「主体になっている」過程でもある。

なぜなら、この私の死の物語の編集過程とは、既存の死の物語の一般性に埋もれようとする自らの死の単独性を掘り出してくる過程であり、既存の死の物語による個別的な意味づけから、自らの死が自分に対してもつ総体性を救い出す過程だからである。

そして、一般性と個別性を私の死と生にかぶせてくる社会に流通している物語も次から次へと新手のものが登場して来る以上、そこからの抜けだしの作業としての私の死の物語の編集過程も、次々と変化していく動的なものにならないわけにはいかないのである。

したがって、私が、私の死の物語の編集過程を続ける限りは、私は「主体になっている」ということができる。

ところが一方、この編集作業を停止した場合、すなわち心から納得できる「私の死の物語」をすでに得てしまい、いわばそれを自らの生と死の手本として自らの死を準備しはじめ、よき死をめざしてよく生きることをしはじめたとき、私は「主体化」を停止することになるのである。

物語とコンテクスト

そもそも死の物語は、それがいかなる内容のどのような種類のものであっても次のような働きをもっている。

すなわち、それは死をとらえ、他のものごとと関連させ、死の意味を決定する、文脈あるいはコンテクストを設定するという働きである。その物語の中におかれた死は、このコンテクストのうちにおかれ、そのコンテクストにおいて可能な意味のみを与えられる。

既存の死の物語においてとらえられた限りでの死は、一方では個別的な意味しかもち得ず、一方でどれもが同じという一般性に埋もれてしまうのも、「死の物語」のもつこのようなコンテクスト設定性のためである。

ある病院である人が死んだとしよう。この死のプロセスは、当人にとっても、家族にとっても、病院関係者にとっても、その他の第三者にとってもさまざまなコンテクストにおいてとらえることができる。

コンテクストということを大きく考えると、例えば、この書物のこれまでの各章でのとらえ方がそれに当たるということができる。しかし、大きなコンテクストとしては、例えば、第四章のようなコンテクストでこの死がとらえられたとしても、さらに、死ぬ場所としての病院のあり方を探るというコンテクストでとらえられるか、人の死はその最後に家族とどのような関係にある時おだやかなものとなるかというコンテクストでとらえられるか、人が死ぬ時死ぬ場所によってどれだけ社会的費用がかかるかを考えるというコンテクストでとらえられるか、というように、さらに細かいコンテクストが設定される。

そして、一定のコンテクストでとらえられている限り、その死はそのコンテクストでもち得る意味しかもてない。最後のコンテクストなら「高くつく死」あるいは「安上がりの死」という意味しかもてない。そして、その限りで、そのコンテクストで同じ意味をもつ他の多くの死と一括りにされてしまう。今の例なら、一般的に、「高くつく死」あるいは「安上がりの死」と一括りにされてしまう。

一定の死の物語を受け入れるということは、このコンテクスト設定を受け入れるということであり、死についてそのコンテクストが許容する範囲での意味づけがされることを受け入れるということにほかならない。

したがって、社会の中に限られた数の、場合によっては唯一の特権的な死の物語しか存在していない場合には、死はきわめて限られた数の意味しかもち得ないことになる。そして、(別のコンテクストに置かれさえすれば各々に異なった意味をもつことができる) きわめて多くの死が、一つの意味の下にまとめられて、同じものとみなされてしまうことになるだろう。

死の物語すなわち人々の死のとらえ方が多様になることは多様なコンテクストの設定が可能になることであるから、確かに、死の物語が多様になることは、ある死がさまざまな意味をもち得る可能性が開かれることであり、その限りでその死と他の死の違いが際立つ可能性も高まることではある。

しかし、それでもなお、たとえ自分の納得した「私の死の物語」を手にいれたとしても、一定の死の物語にとらわれている限りは、限られたコンテクストの中で死をとらえ、その限定された意味をもった死を死んでいくことにならざるを得ないのである。

コンテクストの絶えざる変容としての主体化

先ほど、「私の死の物語」をもつことが、誰のものでもない自分の死を死んでいくことにつながるのは、そうすることによって、私が、私の死の物語の語り手として「主体になっている」限りなのだと述べたのは、以上のような事情があるからである。

なぜなら、私が、私の死の物語を自分で編集しなおし、語りだすことを続けて、語り手として「主体になっている」過程においては、コンテクストは絶えず変化し続けることになるからである。

すなわち、その編集過程は、社会に流通している複数の死の物語からその部分、構成要素等を選択することから始まるが、それはその元の死の物語のもつコンテクストから、部分や構成要素等が担っている部分的なコンテクストを切りとってくることを意味している。それを自分で編集しなおすことは、その部分的コンテクストがはめ込まれる新しい（比較的に大きな）コンテクストを自分で設定することである。この新しい（比較的に大きな）コンテクストも既存のものを用いることも多いだろうが、たとえそうだとしても、その中にはめ込まれる部分的なコンテクストは別のものであるから、総体としての重層的コンテクストは新しいユニークなものとなる。

私が、私の死の物語の語り手として「主体になっている」のは、このような編集過程を続けている限りにおいてである。

その時、私は、私の死がそこにおかれ、その意味が規定される私の死のコンテクストを、常に、新しいユニークなものとして創造しているのである。

逆説的に聞こえるかもしれないが、ここで重要なのは、このコンテクストの絶えざる変容としての主体化、つまり私が私の死の物語の編集を続けていくということを導くのは、私の死の物語は社会的に共有されてはじめて私の死の物語たり得るという要請だ、ということである。

すなわち、選択した構成要素や大小のコンテクストを集積し、新しい、ひとまず自分では納得する私の死の物語を編集したとしても、それは必ずしも社会的に十分に共有されるものになるとは限らない。社会的共有性を形成し、確認するためには、それを社会に向けて発信する必要がある。

この「発信」ということは何も大げさなことを言っているのではない。出版とか多くの人の前での表明とかが必要であるわけでもない。たとえ、身近の誰か一人に語ったとしても、その人に納得され、受け入れられることが、語り手にとって「社会に共有された」という意味をもつことであるなら、その語り出しは、社会に向けて発信し、社会的共有性を確認しようとする作業である。ある場合は、自らに発信することですら、その意味をもつことになるかもしれない。

しかし、それは一度の作業では為し得ない。何度も受容、編集、発信の作業を繰り返して、はじめて私の死の物語は、一定程度社会的に共有されるものになることができる。

いや、たとえこのような作業を繰り返して、ある時点で私の死の物語が一定程度社会的に共有されるものになったとしても——ここが重要なところだが——次の瞬間にそれが社会的共有性を有するという保証はどこにもない。

したがって、私は、誰のものでもない自分の死のための一定程度社会的に共有されるものとしての私の死の物語を得ようとするならば、すなわち、私の死の物語は社会的に共有されてはじめて私の死の物語たり得るという要請に応えようとするならば、私の死の物語の編集をいつまでも続けていかなければならないのである。

それは果たせぬ作業である。しかし、それだからこそ、その限りで、私は、私の死の物語の語り手として「主体になっている」のであり、限られたコンテクストの中で死をとらえ、その死を死んでいくことにならざるを得ないという状況から抜け出し続けているのである。

コンテクストの変容可能性と「他者」

先ほど私は、ある時点で私の死の物語が一定程度社会的に共有されるものになったとしても次の瞬間にそれが社会的共有性を有するという保証はない、と述べた。

このことは、死の物語が必ず一定のコンテクストを設定するということからも考えることができる。すなわち、ある死の物語が一定程度社会的に共有されるということは、その死の物語が設定するコンテクストも一定程度社会的に共有されるということである。このことは、裏返していえば、その死の物語が設定するコンテクストに乗れない人、死をそのコンテクストにおいて考えることをしない人・できない人はその死の物語を共有することがない・できないということである。

すなわち、一定程度社会的に共有された死の物語が次の瞬間にそれが社会的共有性を有するという保証はない、ということは、人々は死を、いや何にせよある事柄を、いつまでも(それがどのようなコンテクストであれ)一定のコンテクストにおいて考えるとは限らない、ということである。これをコンテクストの変容可能性と呼んでおこう。

もう少し積極的に言えば、このコンテクストの変容可能性は、社会は必ず私に対して「他者」として現われるところがある、あるいは「他者」として現われるなにものかを含んでいる、と表現することができる。ここに言う「他者」とは、ものごとを自らと同じコンテクストにおいてとらえ、考えるということが確証できないもの、すなわち逆に言えば、自らとは異なるコンテクストにおいてものごとをとらえ、考えるものとして私に現われている「主体になっている」もののことである。

すなわち、私は、私の死の物語を編集し発信する作業を繰り返し続けるのは、発信し語りかける相手が自分にとっての「他者」として「主体になっている」限りのことであるが、しかし、そうである限り、私もまた、私の死の物語の語り手として「主体になっている」なのであり、限られたコンテクストの中で死をとらえ、その死を死んでいくことにならざるを得ないという状況から抜け出し続けるのである。

死を前にしたコンテクストの変容

ここで、限られたコンテクストの中で死をとらえ、その死を死んでいくことにならざるを得ないという状況から抜け出す、ということの、しかも、まさに死を前にした状態での実例の報告として、エリザベス・キューブラー＝ロスの『死ぬ瞬間』（原題は〝On Death and Dying〟であり、プロセスを問題にしているのであるから、この邦題は適当ではない）を挙げることができる。この書物（原書一九六九年、邦訳書一九七一年刊）は、言うまでもなく、死を語ることの「ブーム」の中できわめて大きな意味をもった書である。

この書物については、死を前にした人の死への反応が、衝撃から始まり、否認、怒り、取引、抑圧、受容という五つの段階（場合によってはさらにデカセクシスが加わる――訳書では「解脱《げだつ》」と説明的訳が加えられている）をもっていることを明らかにした、という点が強調されることが多い。この書物が批判される場合も、この五段階を経るということ、それを経て最終的に死を受容するということの、一般的妥当性が問題にされる。

しかし、この書物が明らかにしてくれていることで重要なのは、死を前にした人が誰でもこのような五段階を経るということでも、最終的には死を受容するということでもない（後者についていえば、よく指摘されるように、確かに同書には、その受容がどのようなものであるかの説明は乏しい）。

そうではなくて、死を前にした人が自らの死をとらえるコンテクストを変容させていくということそのものが、しかもそれがキューブラー＝ロスたちが死を前にした人に「インタビュー」することで生じたということが重要なのである。

死を前にした人は各々に自分の死の物語によって死をとらえ、理解していた。それがキューブラー＝ロスたちという「他者」に出会い、彼女たちに「インタビュー」されることで、その自分の死の物語を語りつつ変容させていく語り手として「主体になっている」状態に入っていったのである。

キューブラー＝ロスは、この「インタビュー」を「末期患者にわたしたちの教師になってくれるよう頼むこと」としてとらえている。この「教師」としてということは、柄谷行人（『探究Ⅰ』）が次のような意味でいう「教える」立場にたつという形で成立していると考えることができる。「『教える』立場ということによってわれわれが示唆する態度変更は、簡単にいえば、共通に言語ゲーム（共同体）のなかから出発するのではなく、それを前提しえないような、場所に立つことである。そこでは、われわれは他者に出会う。他者は、私と同質ではなく、したがってまた私と敵対するもう一つの自己意識などではない」。すなわち、インタビューといっても、キューブラー＝ロスたちがイニシアティブをとっているのではなく、インタビューする側もされる側も互いに「他者」として出会っているのであり、そこで、死を前にした人の側が語り手として「主体になっている」のである。

このように考えるならば、『死ぬ瞬間』において、死を前にした人が死を「受容」した状態についてほとんど記述がないこと、その心理状態を説明するような姿勢がみられないことを積極的に評価することができる。なぜなら、そのような記述や説明は一定のコンテクストを選択した上でのみ可能なことであるからだ。『死ぬ瞬間』の記述の核心は、死を前にした人が、一定のコンテクストを選択してしまっていることからどのようにして抜け出していくか、ということを示すことにあるのである。

死ぬことの「予行演習」

しかし、このコンテクストの変容としての「主体化」は何も死を目前にしなければ生じないわけではない。ここでは『死ぬ瞬間』に即して二つの場面を考えてみよう。

一つは、キューブラー＝ロスたち「インタビュー」する側においても、さらにはこの「インタビュー」を聞くことを中心にしたセミナーの参加者においても、コンテクストの変容としての主体化が生じたということである。

キューブラー＝ロスたちも含め末期患者に関わる人々、病院スタッフや家族たち、彼らもまた、各々に自分の死の物語によって死をとらえ、理解していたはずである。それが末期患者への「インタビュー」、およびこの「インタビュー」を中心にしたセミナーへ参加することで、末期患者という「他者」に出会う。自分の死の物語を語り出し、死の物語の語り手として「主体になっている」末期患者たちとの「コミュニケーション」を持とうとする限り、インタビュアーも参加者も、各々の自分の死の物語とそのコンテクストを固定的に維持することはできなくなる。

いうまでもなくここで重要なのは、この「コミュニケーション」は結果として同じ考えを共有することにならなければ「失敗」であるようなコミュニケーションではないということである。そうではなくて、「主体になっている他者」と出会うことで、自らも「主体になっている」状態になることを余儀なくされる「コミュニケーション」である。

キューブラー＝ロスがとりわけ医師たちについて指摘するように、このような「コミュニケーション」に入ることには強い抵抗がある。しかし、いったんセミナーへ参加するなどしてそれに入れば、多くの場合その参加者は、死および末期患者が死んでいくということを「否認」することから解き放たれて、次の段階へと進んでいくのである。

死を目前にすることなくコンテクストの変容としての主体化が生じるということに関して『死ぬ瞬間』から引き出される場面の二番目は、吉本隆明（『死の位相学』）が次のように的確に指摘することにかかわる。吉本は先ほどの否認、怒り、取引、抑圧、受容という五つの段階について以下のように言う。

「（前略）わたしたちが生きている過程でぶつかるさまざまな出来事への対処の仕方が、いま死の五つの段階といいましたことを、ことごとく小さな規模で踏んで毎日のように繰り返しているということがおわかりだとおもいます。

つまり、生きている過程で事件に出遇う仕方は、死というギリギリの極限で演じるものとおなじだということがわかります。これがロスの著書によって解明された死に至る五つの段階が、生の過程に与える意味です。このなかに人間の生き方という問題が全部含まれていることがわかります。つまり、われわれが日々生きてゆくなかで、難しい事件や事がらにぶつかったときにどうするかという心の動き方が、まったくそのように動いていることがわかります。つまりそれが最大規模でなされたものが「死」の認識の問題の最大の意味だと理解することができます」。

我々はこの章を死への準備ということから考え始めた。そして、たとえ心から納得できる「私の死の物語」を得たにしても、それにしたがって生きて死への準備を積み重ねていくことの無理を見出した。

しかし、以上のように考えるならば、死への準備ではなく、いわば死ぬことの「予行演習」であるならば、我々はそれを「主体になっている」あり方において生きることで行なっているということになる。

すなわち、先の二番目の場面から考えるならば、我々が「日々生きてゆくなかで、難しい事件や事がらにぶつかったとき」、それをいわば手掛かりにして、コンテクストを変容させていく「主体になっている」あり方をとっていくならば——むろん、常にそうできるとは限らないが——、そのあり方は、死ぬことの「予行演習」をしているとも言い得るわけである。

また、最初の場面から考えるならば、我々が「主体になっている他者」との「コミュニケーション」に入らざるを得ない状況におかれた場合、そのとき我々は否応なく「主体になっている」あり方をとらざるを得ず、とりわけ十全に死ぬことの「予行演習」をせざるを得ないのである。

いうまでもなく、この「予行演習」は絡み合いながら続いていくプロセスである。かくして、我々は、個体としても、プロセスとしての死を生き、死んでいくこともあり得る、そのような存在者なのである。

変容可能性を語りたい時代

第一章で一九八〇年代になり死を語ることが「ブーム」となったと述べた。この一九八〇年代の動向については、森岡正博（『生命観を問いなおす』および鈴木貞美編『大正生命主義と現代』）が「八〇年代生命主義」が立ち現われたというとらえ方をしている。森岡は、この「八〇年代生命主義」には、ニュー・サイエンス、エコロジー思想とならんで「いのち論」が含まれ、「いのち文献」が「八〇年代生命主義の、中核的なディスクールを提供」していると言う。

森岡（「八〇年代生命主義とは何であったか」『大正生命主義と現代』所収）によれば「いのち文献」のパラダイムは以下のようなものである。「人間や動植物のいのちについて／その誕生、成長、食、出産、病気、老い、死などに着目し／教育、宗教、自然保護、医療、反原発などの場面で/いのちのかけがえのなさ、連続性、ささえあう姿、人間の力を超えていること、個性などの属性を強調して考察し／いのちを大切にし、ささえあって、いまの瞬間を精一杯生きてゆくことを提案することを目的とする」。

本書の視点からみるならば、ここに言う「いのち文献」に入り得る文献において語られていることの相当部分は、おそらく死を一定の死の物語、一定のコンテクストに回収しようとするものだと推測することができる（森岡自身も「生命主義は一般的にいって、ロマン主義への自閉傾向を本質的にもっているのではないか」と述べている）。

しかし、以下のような見方をすれば、八〇年代に、ものごとを「いのち」、「からだ」、「こころ」、「たましい」などといった言葉を用いて語るということが盛んになった（その始まりは七〇年代に遡れるだろう）ことに、積極的な意味を見出すこともできるだろう。

森岡は「八〇年代生命主義」は機械論、還元論、近代主義、科学主義、進歩観のようなものを否定するスタンスをとると指摘する。「いのち」、「からだ」、「こころ」、「たましい」などの言葉およびそれを用いた語りが「仮想敵」としているこのような言説群は、ものごとをとらえる際のコンテクストが堅固に体系化されているものである。これらの言説群において語られたものごとは、大きなものから小さなものまで用意された体系的で固定的なコンテクストにおいて、準備されたある一定の意味を与えられることになる。

それに対して、「いのち文献」側の言葉およびそれを用いた語りが前提としているコンテクストは曖昧である。そもそも「いのち」、「からだ」、「こころ」、「たましい」などの言葉自身が、どのようなコンテクストによって意味が限定されているかが曖昧なまま、いわば投げ出されるように用いられる場合が多い。この「いのち文献」におけるコンテクスト設定の曖昧さは、先ほどの森岡の「いのち文献」のパラダイム整理が雑駁なものにしかなっていないことにも現われている。

したがって、多くの場合、「いのち文献」を受け取る側にしてみれば、これらの言葉を社会に流通している既存のコンテクストにおいて理解しがちであり、結果としてそれらを用いて語られることは、既存のコンテクストのなかに、しかも曖昧な意味のまま回収されて、そのコンテクストを強化していく危険が常に付きまとう（森岡が「いのち文献」の一例として挙げている、文部省編『生命を尊ぶ心を育てる指導』〈小学校編と中学校編がある〉などはその典型だろう）。あるいは、自分のコンテクストに取り込んで「わかったような気にさせるだけ」という批判は、「いのち文献」について確かに当てはまる。

しかし、ここで、「いのち文献」の、既存のしっかりしたコンテクストによる意味の限定を嫌い、投げ出されるように用いられるというスタイルそのものに意義を見出すことはできないだろうか。「いのち文献」の語りのスタイルを、そのように言葉を用いることでものごとをコンテクストの変容可能性を示すものとして語ろうとする営み、あるいはコンテクストの変容可能性を開示するものごとを取り出そうとする営みとしてとらえることもできるのではないか。

このようにとらえる限りにおいては、一九八〇年代以降の死を語ることの「ブーム」とども、「いのち」、「からだ」、「こころ」、「たましい」などの言葉を用いた語りを、コンテクストを変容させていく「主体になっている」あり方に親和的な動向として位置づけることも、できるように思われる。

このような動向を「変容可能性を語りたい時代」と呼んでおきたい。このような動向は、堅固に体系化されたコンテクストで語ることへの単なる嫌気から生じたのかもしれない。それもまたコンテクストの新たな体系化を生み出すだけかもしれない。そういったことの批判的分析はまた別の書物において行なわれるべきことだろう。しかし、「変容可能性を語りたい時代」は、九〇年代を経て、現在にまで続いていると思えるのである。

死ぬこととはどういうことか

さて、この書物では、一貫して、死とは何かを積極的に論じることは避けてきた。ここで、その禁を少しだけ破って、では死ぬこととはどういうことかを、この書物の「コンテクスト」において語って、叙述を終えることにしたい。

「死ぬこととはどういうことかはわからない」。

この書物の「コンテクスト」においては、死ぬこととは、いかなる含みもなくそのように言い得ることであろう。

死ぬことは、確かに、そこにおいてコンテクストが変容していく「主体になっている」ことも有り得る存在者について、その存在者にかかわるコンテクストの変容可能性が消滅していく過程である。我々にとってもっとも常識的な意味での「死」とは、このコンテクストの変容可能性の消滅の過程のことである。

しかし、当の存在者の側から個体としてのその存在者にかかわるコンテクストが変容されなくなったとしても、当の存在者に何らかの意味でかかわるコンテクストの変容可能性が消滅するわけではない。そこには確かに、コンテクストの変容可能性の消滅の過程が、すなわち死ぬことという過程が存在している。しかし、この過程はいまだ続いている。この過程が停止し、変容可能性が完全に消滅するまでは、当の存在者が完全に死にきったと言いきることを否認する可能性は開かれている。

すなわち、この過程がどこまで続くのか、そこにどのようなコンテクストが新たに生起するか、それは死ぬことという過程が進展していかなければわからない。この意味で、死ぬことがどういうことかは、死ぬことという過程が進展してみなければわからない。

そして——そんなことが生じるのかどうかすらわからないが——当の存在者に何らかの意味でかかわるコンテクストの変容可能性が完全に消滅したとして、それは、一段高いレベルでのコンテクストの変容ということである。その変容したコンテクストが、コンテクストの変容可能性の完全な消滅という過程の意味を規定する。しかし、この変容した一段高いレベルでのコンテクストがどのようなものであるか、それはもはや我々が「わかる」ということの範囲を超えている。

「死ぬこととはどういうことかはわからない」。ここに至って、我々はそのように語ることしかできないのである。

この語りを、明るいものと受けとめるか、暗いものと受けとめるか。それもまた、受け取るあなたがどのようなコンテクストに置かれているかにかかっているのである。

あとがき

私は忘れっぽい。

この本を書くにあたって役に立ったさまざまな考え方を私に教えてくれた「思想家」たちの論考、あるいは、私の考え方を規定している、私がこれまでに接してきたさまざまな人々の教示、そういったものが本来どのようなものであったのか、その多くはもはや明確に想起することができない。かえって、この本の読者の皆さんの方が、そこかしこに誰それの思索や概念の類似物を見出されるかもしれない。この本がいわゆる学術論文であれば、何とかして思索や概念の出所を思い出して注に記し、思い出すことができた限りのものを使って記述せねばならない。しかし、それではほとんど何も書けなかっただろう。ここは私の忘れっぽさを許していただくしかない。

別の言い訳をすれば次のようになる。

ある思索や概念が優れたものであることは、その思索や概念が他者によって受けとめられ、その他者の思考を展開していく力をもっていることによってのみ明らかになる。しかし、それはその思索や概念が元々とは異なったコンテクストに置かれることによって可能になる。異なったコンテクストに置かれることで思索や概念の意味はずらされることになるが、この意味の変容が多様であることこそがその思索や概念の価値を証明する。外山滋比古（『古典論』）の言い方を借りれば「異本こそ古典の具体化である」。この本はいわばさまざまな価値ある思索や概念の「異本」の集積である。もし思索や概念のオリジナルの姿を（そのコンテクストともども）紹介すれば、読者はそれとこの「異本」の差異にこだわり、かえって「古典の具体化」を妨げることになろう。したがって、この本ではあえて思索や概念の出所を示さなかった、と。

異なったコンテクストに置かれるといえば、この本で取りあげられている死をめぐる言説の著者たちも不満を持つかもしれない。自分の言説が本来のコンテクストから切り出されて不本意なコンテクストに置かれていると。

こちらは端的に我慢していただくしかない。いったん世に出た言説は著者の手から離れる。著者が想定したコンテクストとは別のコンテクストの中を浮遊して広まっていく。他の言説と組み合わさって新たなコンテクストを形成する。この本が浮かび上がらせたかったのはこの別のあるいは新たなコンテクストの方である（言説批判ということでは、例えば、佐藤純一・黒田浩一郎編『医療神話の社会学』特に第5章「「脳死」と臓器移植」（美馬達哉）がより詳細な作業を行なっており優れたものであるが、本書は言説そのものよりもそれが置かれるコンテクストの方に関心がある点で、同書とはスタンスが異なる）。

死をめぐる一定の言説を私がとりあげたということは、「現代日本の社会に生きている人間の大勢のうちの一人」である私という「結節点」で絡み合うコンテクストにそれらがとりこまれたということであり、この本の読者が読みとるのは、そこに形成された死をめぐる言説の新たなコンテクストの在りようである。この本では取りあげなかった言説ももちろん極めて多数ある。読者においては、それらも加えて、読者の数だけまた新たなコンテクストが作られることであろう。

ところで、忘れっぽい私もこの本が出版されるまでの経緯は覚えている。

始まりは大学での授業。一九九二年に着任した茨城大学教育学部で担当した「現代文化論」で、まさにブームとなっていた死を扱うことになり、この本の原型となる授業ノートができた。それを友人に見せたところ、ある新書の編集者からまとめてみないかという声がかかり原稿にしたのがいわば第一稿（この時のタイトルは『死で考える』）。しかし、結局折り合いがつかずに出版にいたらず、少し手を加えて学部の紀要に分載したのが第二稿（この時のタイトルは『死のコンテクスト』)。そして、これをトランスビューの中嶋廣氏にお見せしたところ、関心を持っていただき、再び書き直してこのような形となった。中嶋氏をはじめとするトランスビューの方々のおかげで、ようやく本格的に筆者の手を離れることになった。この間、それぞれの段階で、何人もの方から意見をいただいた。文章で意見を寄せられた方のお名前だけ記しておくと、小泉義之氏、森岡正博氏、山下恒男氏、吉田みちお氏。その他の皆さんも合わせて、ここでお礼を述べたい。

しかし、この間感じていたのは、概念的言説のある意味での限界である。映画、演劇、美術、アニメーションやマンガ、そして文芸、これらは死について概念的言説の何歩も先の深みへとすでにたどり着いているという思いを何度も抱いた。そして、何より死と関わりあう日々の暮らしの営みは、常に新たな死の問題と向き合い、それを乗り越えて新たなコンテクストを作り上げていく。概念的言説は後から追いかけるしかない。まさに、ミネルヴァのフクロウは黄昏《たそがれ》がやってくるとはじめて飛びはじめる。

だが、概念的言説でなければ型どりができないものがあることもまた事実であろう。この型どりの作業をふまえることで新たな展望も開かれよう。今となっては、この本がそのような作業となっていることを祈るばかりである。

木村競（きむら　きそう）

1956年東京に生まれる。1988年、東京大学大学院人文科学研究科博士課程単位取得満期退学。1992年より茨城大学教育学部に勤務。専攻は哲学・倫理学。人間の活動や様々な事象の動態についての理論が考察テーマ。著者に『ドイツ観念論前史』(共著、弘文堂)など、論文に「習慣の契機としての「定型化」と「変化」」「変化の理解」(共に日本倫理学会編『倫理学年報』)、「洗練論の構想」「文化の目的論」(共に茨城大学教育学部紀要)などがある。

演習・死の哲学

二〇〇二年七月一〇日　初版第一刷発行

著　者　木村　競
発行者　中嶋　廣
発行所　株式会社トランスビュー
東京都中央区日本橋浜町二－一〇－一
郵便番号一〇三－〇〇〇七
電話〇三（三六六四）七三三四
URL http://www.transview.co.jp
振替〇〇一五〇－三－四一一二七

印刷・製本　（株）シナノ

ISBN4-901510-07-X　C1010